«Guide - benessere»

**Daniela Morandi & Barry Sears**

# Il Bello della ZONA

Prefazione di Bruno Berra

SPERLING & KUPFER EDITORI
MILANO

IL BELLO DELLA ZONA



ISBN 978-88-200-4238-7
61-I-11

III edizione

Progetto grafico e copertina: Giovanni Palma - oi international (Mariano Comense)
Impaginazione: STUDIO TANGRAM (Mariano Comense)
Illustrazioni fotografiche: Antonio Palma
Foto ricette: Giuseppe Pisacane
Per la realizzazione delle ricette rappresentate si ringrazia lo chef Iviano Ravasio.
Foto di Emanuele Scarello a p. 229: Ennio Calice
Foto di Daniela Morandi in quarta di copertina: Foto Max (Udine)
Foto di Barry Sears in quarta di copertina: Bobbie Bush (Usa)
Per i piatti si ringraziano La Porcellana Bianca e I Vetri delle Venezie.

**Avvertenza**

Questo libro non intende sostituirsi a un parere medico o al vostro specialista. Chi è ammalato, o sospetta di esserlo, dovrebbe farsi visitare. Chi sta assumendo farmaci regolarmente prescritti non modifichi mai la sua dieta (buona o cattiva che sia) senza prima consultare il medico, poiché qualsiasi variazione dietetica può modificare il metabolismo dei farmaci che assume. L'autore e l'editore in ogni modo declinano espressamente ogni responsabilità per eventuali effetti nocivi derivanti dall'applicazione dei consigli qui forniti senza un'appropriata supervisione medica.

*Questo libro è dedicato alla mia famiglia.*

A mio padre, portato via da un soffio di vento e mai più ritornato.
Con amore infinito.

A mia madre per esserci sempre stata e per aver dedicato la sua vita a tutti noi della famiglia, con incredibile capacità di amare.

A mia sorella, la guida della mia vita e l'altra metà del mio cuore.

*Ma anche ad alcune persone speciali.*

A Pier, unico e straordinario, che occupa un posto davvero particolare nella mia vita.

Ad Alessandro, la mia stella gemella
nel cielo di un sogno.

Al dottor Paolo Sorbini, con profonda
stima e autentico affetto.

# Indice


Prefazione *di Bruno Berra* IX

Introduzione *di Daniela Morandi* 1
Il mio incontro con la Zona 1
La Zona e il suo significato 2
La Zona arriva in Italia 4

1. Vogliamo dirci la verità? 5
Il mistero della pasta 5
La leggenda delle troppe proteine 6
La risposta è individuale 6
Il carico glicemico 7
Fame? No, grazie 7
L'incubo della bilancia 8
Non posso vivere senza cioccolato 9

2. Entrare in Zona per volersi bene 10
Il cibo come alleato strategico 10
Le emozioni del cibo *di Barry Sears* 11

3. Comincia il viaggio: destinazione Zona! 16
Il cammino per raggiungere la Zona 16
Le fasi della Zona 17
Il "bello" della Zona 19

4. Tutto inizia dall'infiammazione *di Barry Sears* 23
Gli eicosanoidi e l'infiammazione 23
I precursori degli acidi grassi essenziali 25
La dieta Zona 26
Le conseguenze dell'infiammazione silente 27
Un prezioso alleato: l'EPA 27

5. Giocare contro il tempo 29
La medicina antiaging 29
Le cause dell'invecchiamento 30
Insomma, quanti anni abbiamo? 32
Rimanere giovani mentre il tempo passa: i segreti di Okinawa *di Enrico Arcelli* 33

6. Storie di vita in Zona 39
Imparare a volersi bene 39
Le favole esistono 40
La Zona oltre il dolore 41
Anche i sassi... entrano in Zona 42
Ritrovare se stessi 43
Il bronzo di Riace 44
La donna carboidrato 45
Una coppia in Zona 45
Ottantotto pizze in novanta giorni 47
Mamme e bebè in Zona 48
Lo chef entra in Zona 48
Alina... e le altre 49
Nutrirsi e ritrovare il sorriso 50

7. Le ricette *a cura di Daniela Morandi* 51
Introduzione 53
Le colazioni dolci & salate 61
Gli spuntini dolci & salati 87
La carne 109
Il pesce 131
Il formaggio 147
Uova & frittate 159
La soia 175
Le insalate 187
Il microonde 201
I dolci 213
I dolci dello chef
*a cura di Emanuele Scarello* 229
Le ricette regionali
*a cura di Lucio Lorusso* 249

8. La Zona che verrà
*di Barry Sears* 257
Cibo e alchimia molecolare 257
La nuova generazione 258

Ringraziamenti 261
Indice delle ricette 265

# PREFAZIONE

Solo oggi quanti articoli, libri, spot pubblicitari, interviste, informazioni riguardanti la nutrizione sono complessivamente comparsi in tutto il mondo? Moltissimi, forse troppi, non tutti pertinenti, informativi, corretti. E in Italia? Presumibilmente anche nella nostra nazione troppi e quasi tutti maldestramente e sfacciatamente tesi a pubblicizzare una dieta, un prodotto, un integratore. Perché ciò avviene? La risposta è purtroppo facile: la scienza dell'alimentazione è terra di conquista invasa da barbari che nulla hanno a che spartire con i Maestri di un tempo. Essi provocano danni enormi in quanto non si tratta di illustrare un prodotto qualsiasi bensì di informare o disinformare un pubblico "affamato" di verità su un tema che riguarda la salute e la prevenzione delle malattie, soprattutto di quelle infantili e dell'età avanzata. Fortunatamente si possono individuare ancora piccoli gruppi "di resistenza" costituiti da veri cultori della materia. Costoro sono una élite posta a presidiare e a salvaguardare il tempio della scienza dai mercanti di spot televisivi. Di questa ristretta cerchia che tenta di opporsi al dilagare di false informazioni fa parte a pieno diritto la dottoressa Daniela Morandi, che si è sempre sforzata non solo con i suoi scritti e le sue conferenze, ma anche nella pratica quotidiana, di tenere alto il valore della conoscenza. Si avvale di strumenti che hanno avuto un razionale scientifico supportato da sperimentazioni controllate e validate, di un continuo e critico aggiornamento, di stage presso gli scienziati che hanno messo a punto innovativi protocolli dietetici, con una passione e una precisione quasi maniacale.

Penso sia inutile sprecare molte parole per presentare l'altro autore del libro, il dottor Barry Sears. Il suo curriculum universitario – è docente della Harvard University – parla da solo. La sua preparazione biochimica garantisce la scientificità della dieta da lui proposta. Le testimonianze di coloro – sportivi agonistici, vincitori di innumerevoli medaglie d'oro a Olimpiadi e Campionati Mondiali o semplici individui che hanno inteso migliorare il loro stato di benessere – sono un'ulteriore conferma della bontà delle sue teorie sulla nutrizione. Il credo dei due autori è studiare e sperimentare. Affermazioni di parte, vista la collaborazione scientifica in atto e le frequentazioni a congressi, o elogi troppo sperticati? La risposta al lettore di questo libro.

Bruno Berra
Ordinario di Chimica Biologica,
Università degli Studi di Milano

# Introduzione

## Il mio incontro con la Zona

Il mio primo contatto con la Zona non ha esattamente origini scientifiche: un pomeriggio di alcuni anni fa, navigando in Internet per aggiornarmi sulle novità nell'ambito della nutrizione, lessi qualcosa che attirò immediatamente la mia attenzione. Si trattava di una domanda: "E tu, sei in Zona?"
Incuriosita, continuai la ricerca fino a quando trovai un libro che spiegava che cosa fosse la Zona, ma soprattutto scoprii che era lo stile alimentare di Brad Pitt, l'uomo dei miei sogni!
Senza indagare oltre, ordinai immediatamente via Internet una copia del testo in lingua originale: in Italia non era ancora stato tradotto e inoltre avevo un forte desiderio di conoscenza diretta, senza intermediari.
A volte, è proprio dalle situazioni più insolite che nascono le idee migliori e i grandi progetti. Il libro sulla Zona, infatti, dopo essere arrivato a casa mia ebbe un sorte curiosa per almeno un paio d'anni. Ogni volta che lo prendevo in mano mi capitava di perderlo nei meandri della mia biblioteca, per poi vederlo riapparire quando meno me lo aspettavo; era come se in quel momento i tempi non fossero maturi per approfondire l'argomento.
Poi, nella primavera del 2002, la Zona riapparve nella mia vita grazie a un'e-mail inviatami proprio dallo Zone Research Institute del dottor Barry Sears – lo scienziato biochimico che ha concepito e creato questa strategia alimentare –, che presentava un corso di formazione sulla Zona negli Stati Uniti, tenuto dal famoso scienziato in persona. Nel giro di pochi giorni mi ritrovai impegnata a organizzare il viaggio: destinazione Norfolk, Virginia. Non sapevo esattamente che cosa mi portasse là, sentivo solo che qualcosa mi suggeriva di andarci. Quasi in stato di trance, arrivai a Norfolk e mi sistemai nella mia stanza: c'era poco tempo, il primo seminario iniziava quella sera stessa. Alcuni ricordi e alcune sensazioni di quei giorni sono rimasti impressi in modo indelebile nella mia mente.
L'aula dove si svolgeva il primo incontro era preparata in maniera impeccabile: tavoli ordinatissimi, fiori ovunque e un'atmosfera incredibilmente familiare, nonostante l'impressionante numero di persone presenti.
Incontrare il dottor Sears e avere il privilegio di entrare nel mondo della Zona "accompagnata" da lui è stata un'esperienza unica e indimenticabile, destinata a influenzare la mia vita, professionale e personale. Più mi appropriavo dei concetti che questo straordinario biochimico spiegava in maniera assolutamente chiara e comprensibile, più capivo che in realtà lui era lo scienziato che ci avrebbe fatto compiere un salto nel futuro della

nutrizione. Niente più conteggio forsennato di calorie, niente più guerra emozionale con il cibo, niente più fame e tremendo senso di tristezza nel sentirsi eternamente a dieta. Un orizzonte completamente nuovo e rivoluzionario raccontato come fosse la cosa più ovvia e normale del mondo. Che cosa prometteva la Zona in cambio di poche regole? Tanta energia e voglia di fare, un aspetto fisico decisamente migliore, un umore allegro e molto, moltissimo entusiasmo, lo stesso che spero di riuscire a comunicare a tutti voi. Tornata in Italia con la mente traboccante di novità, ero certa che la Zona sarebbe diventata una compagna di vita e di professione, e così è stato.

Da quel momento, ogni singolo giorno dedicato al mio lavoro è un'esperienza irripetibile. In questi anni, infatti, divisa fra diverse città, soprattutto la mia Udine e la mia "nuova" Milano, ho incontrato tantissime persone: ognuna con la propria storia e i propri problemi, ma tutte accomunate dalla voglia di ricominciare a volersi bene o di voltare pagina, come ho fatto io. Ciascuna di loro ha occupato e occupa una parte della mia vita, e ognuna mi ha lasciato qualcosa di sé che vorrei animasse ed emozionasse altri attraverso queste pagine.

A volte, parlando con le persone delle loro abitudini, mi rendo conto di quanto maltrattiamo noi stessi, mentalmente e fisicamente. Pretendiamo sempre di più: vogliamo essere belli, superefficienti, attivi, produttivi e anche sani. Questo è ciò che esigiamo dal nostro corpo e dal nostro cervello. Qual è il prezzo che siamo disposti a pagare? Nessuno, perché nella lunga lista delle cose che desideriamo figura anche il volere tutto subito, e possibilmente senza sacrifici. Poi, quando ci accorgiamo di non farcela più, arriva la grande idea: cerchiamo una pillola che ci rallegri se siamo giù, che ci calmi se siamo troppo su di giri, che faccia ciò che vuole e come vuole, purché ci sistemi e quieti un'insoddisfazione di fondo. Ricordiamoci che privarci del cibo è esattamente come smettere di respirare: il danno è soltanto più lento e subdolo, un'agonia per le nostre cellule, alle quali chiediamo un superlavoro senza nemmeno nutrirle. Alimentarci in maniera inadeguata è come pretendere di ottenere un bel fiore da una pianta trattata con sostanze tossiche. La soluzione è sotto i nostri occhi: basta poco per nutrirsi in modo equilibrato, migliorando così la qualità della nostra vita e del nostro benessere.

## La Zona e il suo significato

Si scrive e si legge molto sulla Zona e sulle sue applicazioni. Il mio punto di vista, la "mia" Zona, è fatta di esperienze, di vita vissuta, di considerazioni che proporrò in questo libro e che derivano dall'interscambio con tutte le persone che ho incontrato e condotto in Zona. La mia Zona è, prima di tutto, frutto della continua collaborazione con il dottor Sears e nei prossimi capitoli cercherò di evidenziarne i principi fondamentali, quelli che restano tali al di là di ogni tendenza e interpretazione. Ciò che può progredire e cambiare sono, invece, alcuni contenuti e certamente l'immagine di questa strategia, che nell'applicazione spazia dalla prevenzione di molte patologie fino all'estetica e all'alta cucina: il tutto con la regola 40/30/30 (il 40% di carboidrati, il 30% di proteine, il 30% di grassi), con una particolare attenzione alla scelta dei carboidrati. Questo libro è nato grazie al feeling e alla sinergia di persone straordinarie che hanno creduto e credono nel mio sogno-progetto e che hanno utilizzato due grandi strumenti per eseguire il lavoro: la mente, per la solidità scientifica che sostiene i concetti illustrati, e il cuore, per testimoniare quanto unico ed efficace possa essere il nostro cambiamento, una volta raggiunta la Zona.

In questo volume verranno presentati i principi scientifici che regolano la Zona e permettono di comprendere i meccanismi alla base dell'alimentazione "ormonale", che costituisce il futuro della nutrizione e la via più semplice e naturale per raggiungere una condizione di benessere. Molti mi domandano che cosa significa entrare in Zona e quali sono le motivazioni per farlo. Dalla mia esperienza personale e professionale, posso dire che essere in Zona significa sentirsi al massimo, consapevoli di poter ottenere il cento per cento dal nostro corpo e dalla nostra mente. Si diventa, insomma, coscienti del fatto che siamo macchine perfette e straordinarie, ognuna diversa dall'altra, uniche e non etichettabili attraverso semplificazioni eccessive o regole generiche. Vivere in Zona in maniera corretta ci insegna a capire le nostre caratteristiche e a riconoscere la strada migliore per raggiungere un benessere e un equilibrio su misura. Entrare in Zona vuol dire intraprendere un cammino interiore lungo il quale impareremo a riconoscere e a valutare le sensazioni e i messaggi che il nostro corpo e la nostra mente ci inviano, proprio a seconda di come ci stiamo nutrendo. Essere in Zona significa riprendere in mano la nostra vita, le nostre risorse, le nostre emozioni. Potremmo addirittura dire che la Zona potenzia i nostri sensi: ci fa riconoscere dei segnali, positivi e negativi, ci fa capire se stiamo facendo bene o male a noi stessi, dandoci modo di correggere la rotta, qualora necessario. Questo è il grande traguardo: imparare a comprendere noi stessi, rispettare le nostre necessità –a volte tanto elementari quanto vitali, – mantenere in perfetta armonia e sinergia il rapporto fra corpo, mente e cibo.

Non è quindi una delle tante diete lampo. Normalmente, chi prova la Zona non l'abbandona più: i benefici che se ne traggono sono troppi per tornare indietro. Una volta imparato a comporre i propri pasti, difficilmente si mangiano carboidrati sfavorevoli senza che dentro di noi scatti una vocina che ci suggerisce: aggiungi anche le proteine e i grassi. La Zona è la via per perdere definitivamente la massa grassa in eccesso senza avere la sensazione di dover trascorrere una vita da emarginati e dover rinunciare alle cene tra amici e al ristorante. Ebbene sì, la Zona può e deve essere anche gourmet. Seguire questo regime alimentare non significa assolutamente dimenticare i piaceri della buona tavola e della convivialità. La Zona è anche un modo di vivere e di pensare, ed è un percorso del quale tutti conosciamo la partenza: all'inizio applichiamo tutti gli stessi principi, per poi dirigerci

ognuno verso la nostra meta personale. Il grande valore sta nell'individuare, strada facendo, il tracciato più giusto per raggiungere il nostro obiettivo, qualunque esso sia. La Zona è ricerca. Non è statica e cristallizzata: se diventa scelta di vita, è movimento, ci fa andare oltre i blocchi e i grammi, basta cominciare a capire quali siano gli alimenti più giusti per ognuno di noi, quelli di cui ha più bisogno il nostro corpo, quelli con cui il nostro organismo entra maggiormente in sintonia. Questo è il patrimonio della Zona, ed è un percorso che qualsiasi persona può intraprendere: l'importante è imparare il metodo in maniera corretta e avere chiare le regole del gioco, per essere certi che questa sorta di magia ormonale possa realizzarsi.
Per raggiungere la Zona è necessario decidere di volersi bene, essere disposti a cambiare alcuni atteggiamenti e abitudini dannosi e considerare il cibo come fonte non solo di gratificazione ma, prima di tutto, di benessere.

## La Zona arriva in Italia

Il pioniere della Zona in Italia è stato senza dubbio il dottor Aronne Romano, che per primo rimase colpito da questa straordinaria strategia alimentare e decise di adottarla nella sua pratica professionale, andando decisamente controcorrente rispetto alle tendenze nutrizionali di quegli anni: come sempre, chi ha il coraggio di credere e di lavorare con il cuore, alla fine vince. In Italia, la Zona era destinata a crescere grazie a persone che credono nelle imprese difficili e sanno affrontare le sfide vivendole come opportunità di crescita. Credo sia importante raccontare a tutti chi e che cosa si nasconde dietro questo rivoluzionario regime alimentare. Il concetto del controllo dell'insulina per raggiungere il massimo dell'efficienza è stato scoperto pressoché in contemporanea sia dal dottor Sears negli Stati Uniti che dal dottor Paolo Sorbini con il professor Enrico Arcelli in Italia. Sorbini è il "dottor Enervit", fondatore della storica azienda del settore della nutrizione e degli integratori ma anche vulcano di idee, dotato di un intuito fuori del comune, che lo ha portato a scoperte destinate a segnare e cambiare il mondo dello sport. Il professor Arcelli, da molti anni membro dell'équipe Enervit, è il medico che ha fatto e fa storia nella medicina dello sport: un vero ricercatore, con una passione e una capacità di osservazione davvero rare. Quando, a vent'anni di distanza da tale intuizione, il dottor Sears e il dottor Sorbini si sono incontrati ignari della comune scoperta, per entrambi è stato un déjà-vu. Nel frattempo Barry Sears aveva fatto del controllo insulinico e della modulazione degli ormoni eicosanoidi la base di tutte le ricerche che hanno portato alla formulazione della teoria della Zona. Fu così che i due ricercatori decisero di collaborare nella diffusione della Zona in Italia.

Daniela Morandi

# 1

## Vogliamo dirci la verità?

Le inesattezze che si dicono riguardo alla Zona hanno contribuito a creare confusione, generando false idee, prive di fondamento, su questo metodo. A volte si sentono affermazioni davvero fantasiose. Ognuno è libero di avere le proprie opinioni e di seguire le teorie che più gli sembrano corrette, ma è giusto che prima di dare un giudizio su qualcosa se ne conosca la vera natura, si approfondisca l'argomento. La maggior parte delle persone con le quali mi confronto sempre volentieri alla fine ammette di aver sentito dire determinate cose della Zona, senza però essersi preoccupata di documentarsi almeno un po'.

### Il mistero della pasta

Il luogo comune più diffuso è che la Zona demonizzi i carboidrati. Tutti, dico tutti, quelli che si siedono di fronte a me la prima volta hanno un'espressione preoccupatissima perché è stato detto loro che non toccheranno più la pasta per il resto dei loro giorni. In realtà non è assolutamente vero che non si possono più mangiare i carboidrati: è necessario saperli gestire nella maniera migliore, facendo in modo che diventino un piacevole alleato nell'alimentazione e non la causa dei nostri guai, nonché della catastrofe emotiva che segue all'inevitabile cambio di guardaroba stagionale, quando niente di quello che indossavamo con disinvoltura l'anno precedente ci entra più.
I carboidrati "sfavorevoli" devono essere limitati (spesso eliminati) nel periodo iniziale, quello indispensabile per capire che possiamo sentirci molto meglio e perdere la massa grassa in eccesso se ripuliamo il nostro corpo dagli zuccheri di troppo, combattendo di conseguenza quel subdolo stato di infiammazione che potrebbe anche causare gravi problemi di salute.
Quello che cerco di fare con le persone che vogliono entrare in Zona è un percorso di addestramento all'utilizzo dei diversi carboidrati, un percorso che, il più delle volte, varia da soggetto a soggetto. Quando dichiaro che non tocco pasta e riso da quasi cinque anni e ne sono felice, alcuni fanno la faccia triste, altri mi guardano come se fossi un'aliena e altri ancora pensano che al mio posto sarebbero morti nell'arco di poche ore per una "crisi di astinenza". La mia è una scelta, perché mi sono abituata a sentirmi piena di energia, e so che se utilizzassi i carboidrati o sfavorevoli pagherei un prezzo molto alto. Questa è la mia reazione individuale, ma non per tutti il rapporto

con i carboidrati è così difficile. È solo questione di tempo, non è una scelta per la vita, a meno che, consapevolmente come ho fatto io, ci si trovi bene a farne a meno per sempre: ho riscontrato che, più ci abituiamo ad assumere carboidrati a basso indice glicemico o IG (quelli favorevoli), come la verdura e la frutta, più il corpo ci parla, chiedendo gli alimenti giusti. Non è l'occasionale uscita di Zona che crea problemi irrisolvibili: l'importante è seguire le regole della strategia per il resto della giornata e nei giorni successivi.

### La leggenda delle troppe proteine

Le proteine sono la preoccupazione di coloro che conoscono la Zona solo attraverso informazioni poco precise o persone non competenti. Molti si spaventano di fronte all'idea "di tutte quelle proteine". La Zona non è un regime iperproteico, e questo deve essere chiaro. Il suo principio base dice che ogni volta che ci nutriamo è necessario associare i tre macronutrienti: le proteine con i carboidrati favorevoli e i grassi più adatti.
La quantità di proteine che si assume con la Zona nell'arco della giornata non è altro che il frazionamento di quanto probabilmente molti assumono in un unico pasto. Se consideriamo quanta carne di manzo è riservata a una donna di media corporatura a pasto, vedremo che è circa 100 g, un quantitativo ben lontano dalla comune dimensione di un normale filetto: provare per credere!
È importantissimo ricordare che le persone che da molto tempo non introducono proteine animali nella loro alimentazione devono assumerle in modo graduale, perché all'inizio potrebbero sentirsi appesantite. Chi si nutre di soia e di altre fonti proteiche alternative può benissimo iniziare subito la Zona.

### La risposta è individuale

In questi ultimi tempi si parla molto di indice glicemico: ormai è diffusissima l'idea che un'alimentazione caratterizzata dall'assunzione di carboidrati a basso indice glicemico sia la più indicata per perdere la massa grassa in eccesso e per ridurre l'infiammazione nel corpo. A volte, confrontando le tabelle nutrizionali, si trovano cibi uguali con valori di IG diverso. Questo può essere dovuto a vari fattori: il metodo di preparazione dei cibi, la valutazione degli zuccheri e degli amidi contenuti nel carboidrato, oppure se la misurazione viene fatta in vivo o in vitro. Quindi, tutto ciò che viene riportato nelle tabelle deve sempre e comunque essere verificato dal soggetto.

È ovvio che nessuna tabella potrà mai assegnare un indice glicemico basso a una brioche o alla torta della nonna; saremmo nel campo della fantanutrizione. Ma è possibile che si verifichi una risposta individuale migliore nei confronti della pera piuttosto che della mela, o (una volta entrati in Zona) nei confronti del riso piuttosto che della pasta. È evidente che ogni individuo può avere una reattività diversa, ed è quella che bisogna individuare "giocando" con i macronutrienti; per essere in grado di recepire le differenti risposte del corpo è davvero necessario un periodo di "disintossicazione" dall'eccesso di carboidrati.

## Il carico glicemico

Il concetto di carico glicemico (o CG) costituisce un passo avanti rispetto al solo IG: tiene conto, infatti, dell'indice glicemico di un alimento in relazione alla quantità realistica che normalmente si assume di quello stesso alimento. Per fare un esempio, se abbiamo un cibo a basso IG ma ne consumiamo una quantità enorme, il carico glicemico diventa alto, così come un alimento che parte con un IG alto, alla fine, se valutato nella quantità che realmente se ne utilizza, può non essere così sfavorevole.
Il CG è un dato fondamentale perché ci permette di valutare in maniera più fedele l'apporto glicemico di un cibo, correlandolo alla quantità utilizzata.

## Fame? No, grazie

Il termine "dieta" innervosisce chiunque. Credo non esista nel vocabolario una parola che riesca a evocare con altrettanta chiarezza uno stato mentale e fisico deprimente. Le caratteristiche comuni della maggior parte delle diete sono: fame, tristezza, nervosismo e grande senso di frustrazione. Avete mai visto una persona a dieta ridere felice, sentirsi sazia e appagata, essere di buonumore e in grado di condurre una vita sociale (leggi andare al ristorante) normale? Io no.
Bene, la Zona non è una dieta dimagrante, se non altro perché non possiede nessuna delle caratteristiche appena elencate. È una strategia alimentare che diventa una strategia di vita, ed è vincente perché porta alla definitiva diminuzione della massa grassa in eccesso, come conseguenza fisiologica della corretta applicazione dei principi di questo metodo. La Zona è vincente anche perché il senso di fame resta un lontano ricordo. L'obiettivo di que-

sto regime alimentare è infatti la stabilizzazione dei livelli di zucchero del sangue: ed è grazie a questo che il cervello non ci fa sentire la fame. Se si segue la Zona e capita di essere affamati, è un preciso segnale che il bilanciamento fra proteine e carboidrati non è stato fatto correttamente: potremmo avere scelto un carboidrato troppo sfavorevole per noi, o non avere mangiato la quantità di frutta e verdura che avremmo dovuto mangiare, o potremmo avere un metabolismo più rapido di quanto sia prevedibile dal calcolo con le tabelle. Oppure, ancora, potremmo essere talmente sotto stress da avere fame per via del cortisolo prodotto a seguito dell'evento che ci ha messo sotto pressione. Di questo meccanismo parleremo nel prossimo capitolo.

## L'incubo della bilancia

Non possiamo meravigliarci del fatto che per alcuni la prova della bilancia sia il rito di ogni mattina. Sembra che le persone si divertano a rovinarsi la giornata; anzi, pare che la loro intera giornata possa essere determinata dal responso della bilancia.
Una delle prime cose che cerco di spiegare a chi si rivolge a me è che dobbiamo preoccuparci di diminuire la taglia dei vestiti, perché la massa grassa pesa poco ma occupa spazio (cioè ci fa indossare abiti più grandi). Se poi otteniamo la trasformazione di una parte della massa grassa in massa magra (che invece pesa ma è compatta), è chiaro che la bilancia da sola non dice tutta la verità.
Immancabilmente, mi arriva la telefonata disperata: "Non so come fare, sono due giorni che seguo la Zona, ma il peso è sempre uguale". La cosa più interessante è la risposta che mi sento dare quando chiedo come vanno i vestiti. "Bene", mi dicono, "ho perso una taglia! Però sono delusa perché l'ago della bilancia si è mosso pochissimo."
Invito tutti voi a non pesarvi e a fidarvi dei vestiti, dando al corpo il giusto tempo per reagire. Questa è una cosa che dico in continuazione, ma so che non basta: dal momento che, a volte, persino mia sorella si lamenta della bilancia che non scende ma, trionfante, mi annuncia che veste una taglia 42 (essendo partita da una 46), ho capito che devo rassegnarmi a ripeterla all'infinito e con frequenza costante.

## Non posso vivere senza cioccolato

Parliamo di golosità? In questo campo, chi scrive è una maestra. Alcuni anni fa ero davvero convinta che non avrei mai potuto vivere privandomi del cioccolato. Bene, ora molto spesso capita che la cioccolata che ancora qualcuno mi regala, pensando che prima o poi cederò alla tentazione, finisca nel cestino perché nel frattempo è scaduta. Non sono stata miracolata, ho solo imparato a bilanciare perfettamente la mia glicemia. Il problema della dipendenza dal cioccolato è esattamente come quello della dipendenza dalla pasta o dalla pizza: è una questione di biochimica cerebrale. Se il cervello non ha sufficiente zucchero per funzionare, ci mette in allarme provocando la sensazione di fame. Quando si tiene stabile la glicemia, il rapporto con il cibo è equilibrato. Faccio sempre questo esempio: se andiamo a fare la spesa prima di avere mangiato, il pensiero e la tentazione sono quelli di mettere nel carrello almeno metà del supermercato. Viceversa, se facciamo la stessa cosa a stomaco pieno, guardiamo sempre con interesse gli alimenti che preferiamo, ma non ne siamo attratti in modo irrefrenabile.
Che cosa succede? In pratica, siamo più lucidi nel valutare la reale necessità di quel cibo. Se teniamo la glicemia bilanciata, mangiare il cioccolato diventa una libera scelta, non un'attrazione fatale: in pratica, siamo noi a gestire questo alimento, non lui a gestire noi. Ecco che cos'è la Zona. Porta a parlare di libera scelta nei confronti del cibo, a capire che le pulsioni che ci spingono verso gli alimenti sbagliati possono essere controllate se ci nutriamo nella maniera corretta, garantendo così una grande tranquillità mentale a tutte le persone che si sentono schiave del cibo e che lo considerano un nemico.

# 2

# Entrare in Zona per volersi bene

## Il cibo come alleato strategico

È davvero impressionante il numero di persone che per tutta la vita combatte con il cibo. Si arriva a un punto in cui la situazione diventa ingestibile, le tecniche fai da te per perdere peso non funzionano più, tanto che molti decidono che per dimagrire cominceranno a saltare i pasti. Questo significa farsi un gran male: stiamo decidendo che rinunceremo a ciò che ci tiene in vita, perché per noi mangiare è diventato solo qualcosa che ci fa ingrassare e niente più, un aggregato di aride calorie. Abbiamo dimenticato che il cibo è prezioso ed è il cordone ombelicale che ci connette alla vita. Quando entriamo in Zona, percepiamo immediatamente che qualcosa sta cambiando, che il nemico è meno pericoloso di quanto pensassimo. La fame sparisce, quindi riusciamo a focalizzarci di più su quello che stiamo usando per nutrirci, non solo per sfamarci.

Se siamo in preda all'ipoglicemia, la nostra prima e unica necessità è quella di mangiare qualunque cosa possa toglierci la sensazione di fame e il disagio che il cervello ci fa percepire per convincerci a nutrirlo. Questo è il motivo per cui, in quelle situazioni, sembriamo non riuscire a controllarci: se la fame diventa un ordine impartito dal cervello, come possiamo pensare di essere più forti della nostra stessa volontà? L'istinto di sopravvivenza va contro il nostro tentativo di privarci di quello che ci permette di rimanere in vita: un controsenso che la nostra fisiologia e la nostra biochimica non consentono.

Nel momento in cui impariamo a nutrire con costanza il nostro cervello, possiamo distinguere i diversi alimenti e valutare quali sono i migliori e quali i peggiori, possiamo decidere che cosa mangiare e apprezzare al massimo i diversi sapori. È come se la rapidità dei raptus di fame rallentasse di colpo, dandoci la possibilità e la libertà di scegliere.

Quando la glicemia e l'approccio al cibo diventano più equilibrati, il passo per riuscire a utilizzare gli alimenti come fonte di energia e lucidità è davvero breve. Non voglio certo sostenere che i difficili rapporti con il cibo che portano molte persone a veri e propri disturbi alimentari possano dissolversi magicamente solo con la Zona: in quei casi il supporto dal punto di vista psicologico è fondamentale. Quello che ho capito, però, è che la sinergia fra questi due mezzi rende la strada più semplice.

Per tutti coloro che "fanno pace" con il cibo ma che non presentano particolari patologie a questo legate, è un'esperienza incredibile capire e sentire con il proprio corpo quanto bene possiamo farci utilizzando i macronutrienti nella maniera appropriata. Questa è una considerazione assolutamente ovvia, forse così ovvia che molti se la sono dimenticata.

## Le emozioni del cibo

di Barry Sears

Tutti siamo convinti che mangiare sia fonte di emozioni, quelle a volte mancanti nella nostra vita, o che ci sono state rubate da delusioni e sofferenze. Il cibo, si dice spesso, riempie i vuoti affettivi. Nulla da obiettare su questa teoria, ma se provassimo ad andare oltre l'accettazione rassegnata? Come cambierebbe la vita di molte persone se si accorgessero che non sono destinate a subire inermi questo meccanismo perverso ma che possono fare qualcosa per combatterlo? E se scoprissero di poter prendere in mano la situazione e gestire in modo meno distruttivo il loro rapporto con l'alimentazione? E se la fame fosse un fenomeno che possiamo controllare senza soffrire?

### Tutto quello che non ci è mai stato detto sulla fame

La biochimica offre una visione davvero rivoluzionaria della relazione fra cibo e ormoni. Quando mangiamo in conseguenza di particolari stati d'animo (ansia, tristezza, delusione, paura eccetera) e quindi non per vera fame, in realtà lo facciamo spinti da stimoli ormonali e, in particolare, per effetto degli ormoni che agiscono a livello cerebrale, primo fra tutti l'insulina.

Aumentando il consumo di carboidrati, aumentano parallelamente i livelli di insulina liberati nel sangue e questo provoca un corrispondente abbassamento del glucosio circolante, tale da influenzare l'attività cerebrale. Il glucosio è infatti l'unico tipo di carburante che il cervello è in grado di consumare per produrre energia, perciò se la sua concentrazione nel sangue diminuisce drasticamente, il funzionamento del cervello risulta compromesso. Questo è quello che si verifica, per esempio, quando si mangia un abbondante piatto di pasta a pranzo e dopo un paio d'ore ci si sente di nuovo affamati (oltre che assonnati). Ciò è dovuto al fatto che i carboidrati contenuti nella pasta vengono assorbiti velocemente nel sistema circolatorio, e di conseguenza viene rilasciata più insulina nel sangue, che a sua volta fa abbassare i livelli di zucchero in circolo e quindi disponibili per il cervello.

A mano a mano che il livello di glucosio scende, avvertiamo la sensazione di fame che, se non è soddisfatta rapi-

damente, si traduce in un rallentamento delle attività cerebrali, con iniziale sensazione di torpore. Rallentamento che, se non viene corretto (come nel caso di chi soffre di diabete), può portare al coma ipoglicemico.
Il nostro organismo possiede una serie di meccanismi di difesa per evitare che il cervello entri in coma: prima di tutto libera l'ormone glucagone, che stimola il rilascio dei carboidrati immagazzinati nel fegato. Il glucagone viene però rilasciato solo in risposta all'assunzione di proteine alimentari. Se l'apporto proteico in ogni pasto è insufficiente per indurre la liberazione di questo ormone, l'organismo mette in moto un altro meccanismo, stimola cioè le ghiandole surrenali a produrre maggiori quantità di cortisolo, il quale a sua volta disgrega la massa muscolare in carboidrati, che vengono quindi messi a disposizione del cervello.
L'aumento della secrezione di cortisolo non è il meccanismo di prima scelta, dato che la formazione della massa muscolare è un processo molto lungo e laborioso. L'eccesso di questo ormone provoca, inoltre, un ulteriore incremento della produzione di insulina, che induce un nuovo abbassamento dei livelli di zucchero nel sangue.
Di solito pensiamo al cortisolo come all'"ormone dello stress" e, infatti, l'abbassamento del glucosio nel sangue è un evento notevolmente stressante per il cervello. Con il termine "stress" si intende qualsiasi alterazione del nostro equilibrio fisiologico, inclusi l'eccesso di attività fisica, gli sbalzi di temperatura, i cambiamenti emotivi e così via. Indipendentemente dalla causa scatenante, la risposta dell'organismo allo stress è identica: aumenta la secrezione di cortisolo, con conseguente abbassamento dei livelli di zucchero nel sangue e crescita del senso di fame. Questo è il motivo per cui, nei momenti di stress (e quelli in cui abbiamo qualche vuoto emozionale da colmare), assumere carboidrati in eccesso diventa una veloce strategia alimentare per gratificare il cervello rifornendolo di zuccheri, ma anche per riappacificarci con il mondo. In realtà questo processo è una tremenda trappola, perché non fa altro che innescare un circolo vizioso, il cosiddetto "inferno dei carboidrati", che provoca bruschi innalzamenti e cadute dei livelli di zucchero nel sangue. Il risultato finale è che si tende a ingrassare perché si consumano troppi carboidrati, nel tentativo di contrastare il calo degli zuccheri provocato dall'aumento della secrezione di cortisolo.
Sulla base di quanto detto, si potrebbe pensare che i livelli di cortisolo siano diversi nelle persone magre e negli obesi: al contrario, in assenza di stress, sono praticamente identici. Solo in condizioni di stress il cortisolo inizia a crescere, in maniera provvisoria, negli individui sovrappeso. L'incremento del cortisolo è maggiore nei soggetti obesi rispetto a quelli magri: ecco perché sono più inclini a mangiare assecondando una spinta emozionale.
Gli effetti dello stress e del cortisolo sull'alimentazione "emozionale" non influenzano però soltanto le fluttuazioni dei livelli di zucchero nel sangue, ma anche il cervello. Questo effetto è mediato in particolare dalla dopamina, il neurotrasmettitore cerebrale che funge da "ricompensa", dando un senso di appagamento. È risaputo che i recet-

tori della dopamina sono meno attivi nelle persone sovrappeso rispetto a quelle magre, con il risultato che le prime tendono a mangiare di più per ottenere gli stessi livelli di ricompensa.
Inoltre, i cibi appetitosi (quelli ricchi di carboidrati) favoriscono l'interazione fra la dopamina e i suoi recettori. Sebbene l'esatto meccanismo che regola questo fenomeno non sia ancora stato chiarito, per molte persone si traduce in una costante assunzione di cibi saporiti preconfezionati, che porta a una sorta di dipendenza. Ci si sente cioè soddisfatti e ricompensati solo mangiando continuamente alimenti gustosi come la pizza, le patatine fritte, il cioccolato, con il risultato che tali cibi cominciano a influenzare le nostre preferenze alimentari per mantenere attivi i recettori della dopamina. Questo è il motivo per cui farmaci come il naltroxene, usati nella cura delle tossicodipendenze, sono utili anche per trattare i comportamenti che portano all'abuso di cibo.

## Sapere è potere

Il cervello svolge un ruolo centrale nel rilascio del cortisolo. Tutta la cascata di eventi ormonali che abbiamo descritto ha inizio nell'ipotalamo, il quale invia segnali all'ipofisi che, a sua volta, invia altri segnali alle ghiandole bersaglio, come quelle surrenali, dove viene prodotto e rilasciato il cortisolo. Si parla quindi di asse ipotalamo-ipofisi-surrenale. Dato che il cortisolo stimola la liberazione di dopamina a livello cerebrale, si viene a creare una situazione insidiosa: per ottenere maggiori ricompense tramite l'azione della dopamina, il cervello invia segnali ormonali che portano a un aumento dei livelli di cortisolo il quale a sua volta stimola il cervello a liberare la dopamina.
Sfortunatamente, il risultato di questo processo è un abbassamento dei livelli di zucchero nel sangue, con conseguente sensazione di fame, e quando il cervello ha fame è normale desiderare di mangiare. Ma, se si mangia troppo spesso nel corso della giornata, l'inevitabile conseguenza è quella dell'aumento di peso. Ecco perché i cibi più appetitosi (come le merendine), che sembrano smorzare l'azione dell'asse ipotalamo-ipofisi-surrenale, iperattivi a causa di momenti di stress emotivo, in realtà stimolano la secrezione dell'insulina, provocando l'aumento della massa grassa.
I livelli di cortisolo variano nel corso della giornata, secondo il cosiddetto ritmo circadiano: nelle prime ore del mattino, prima che ci si svegli, sono più alti, mentre tendono ad abbassarsi durante il giorno, per raggiungere il minimo la sera prima di andare a dormire. I livelli di cortisolo possono però risalire dopo il pasto serale, soprattutto se abbondante. Si spiega così perché molte persone riescono a tenere sotto controllo l'appetito durante il giorno, mentre dopo cena fanno molta più fatica a resistere e continuano a cercare cibo per ripristinare il livello

di zucchero nel sangue, che è stato abbassato per l'innalzamento transitorio del cortisolo. Ovviamente, è possibile evitare questo inconveniente consumando una cena molto leggera – magari a base di pesce –, anche se non sempre è facile, dal momento che per molti quello serale costituisce l'unico vero pasto della giornata.
Un'altra soluzione un po' più pratica è smorzare ogni incremento del cortisolo che potrebbe derivare dal consumo di una cena moderata. Lo si può fare assumendo buone quantità di omega-3. Gli acidi grassi omega-3 a lunga catena contenuti nell'olio di pesce diminuiscono infatti l'infiammazione nell'organismo, riducendo contemporaneamente la richiesta di cortisolo e rendendo minimo l'impatto di una cena moderata sui livelli di cortisolo serali.
Non tutti gli organi producono cortisolo in maniera identica. Nel morbo di Cushing, per esempio, le ghiandole surrenali rilasciano quantità elevatissime di questo ormone, provocando un anomalo accumulo di tessuto adiposo a livello addominale. Sebbene le ghiandole surrenali producano la maggior parte del cortisolo, questo può generarsi anche a livello del tessuto adiposo (che è un tessuto infiammato): ecco il caso in cui l'infiammazione e l'obesità indotta dal cortisolo si manifestano contemporaneamente.
A mano a mano che il tessuto adiposo si infiamma (per l'aumento della concentrazione di acido arachidonico), sono necessarie maggiori quantità di cortisolo per bloccare questo processo. In sostanza, l'obesità addominale può essere considerata come un morbo di Cushing localizzato a livello del tessuto adiposo. A causa della maggiore diffusione di processi infiammatori, nelle persone obese l'enzima che produce il cortisolo è tre volte più attivo rispetto alle persone normali.
Riducendo l'infiammazione del tessuto adiposo è possibile diminuire anche la quantità di cortisolo necessaria per spegnere i focolai infiammatori presenti nelle cellule adipose. Il modo più semplice per farlo consiste nell'assumere alte dosi di olio di pesce, dato che gli acidi grassi omega-3 vengono trasportati direttamente nel tessuto adiposo. In sostanza, bisogna quindi assumere grassi (come l'olio di pesce) per prevenire l'accumulo di grasso. Può sembrare un paradosso, ma ha perfettamente senso, una volta compresa la base ormonale del fenomeno.
Il tessuto adiposo cerebrale funziona in modo ancora più complesso, come si è scoperto grazie a nuove conoscenze su una classe di composti chiamati endocannabinoidi, che sono alla base del perenne desiderio di mangiare. Queste sostanze furono individuate da ricercatori che cercavano di capire perché i fumatori di marijuana avevano sempre fame. Dalle loro ricerche emerse che il principio attivo della marijuana era un composto chimico conosciuto con la sigla THC (tetraidrocannabinolo) e che si legava a specifici recettori cerebrali che stimolano i centri della fame. Solo più recentemente sono stati scoperti i mediatori chimici naturali che si legano agli stessi recettori del cervello, cioè gli endocannabinoidi. Queste sostanze sono formate da acido arachidonico e da altre molecole più piccole. Sebbene siano in fase di sviluppo farmaci in grado di inibire il legame degli endocannabinoidi ai recettori

cerebrali, un approccio molto più naturale potrebbe prevedere semplicemente di ridurre i livelli di acido arachidonico nel cervello, cosa che si può fare assumendo ogni giorno alte dosi di olio di pesce. Quindi, l'olio di pesce non solo riduce lo stato infiammatorio dell'organismo, ma diventa anche la chiave per regolare il complesso meccanismo ormonale che porta a consumare sempre più cibo. Come si è detto all'inizio, mangiare in maniera emozionale è un fatto reale che non è dovuto a un destino inesorabile, ma è la conseguenza dell'incapacità di mantenere determinati ormoni a "livelli terapeutici" tali da permettere di tenere la fame sotto controllo. Ecco perché la Zona riesce laddove la sola forza di volontà non ce la fa.

# 3

# Comincia il viaggio: destinazione Zona!

## Il cammino per raggiungere la Zona

Molti ritengono ancora che seguire la Zona sia una questione di contare "blocchi" e fare calcoli. Ma entrare davvero in Zona e rimanerci in maniera corretta e sana va oltre tutto questo: richiede tempo e convinzione.
Non è raro incontrare persone che sostengono di seguire la Zona, eppure le loro idee sulla gestione dei macronutrienti sono davvero vaghe; spesso prevale la mentalità delle vecchie diete, per cui meno si mangia, più si dimagrisce. Errore! La Zona non si basa su un principio ipocalorico.
Nel caso in cui, dopo il benessere iniziale, si manifesti un senso di stanchezza senza spiegazione, è il momento di personalizzare e mettere a punto la strategia. Non è finita la magia, ma è evidente che i bilanciamenti non sono stati fatti correttamente: passato il primo periodo di "grazia", occorre ricordare quanto sia fondamentale fare la cernita degli alimenti migliori per il nostro organismo, al fine di mantenere tutti i benefici ottenuti.
Ci sono poi coloro che, di fronte a un presunto fallimento, sentenziano: "La Zona non fa per me". Non si tratta di una sconfitta, ed è improbabile che la Zona non sia adatta a loro. Anche qui, è una questione di approccio, che deve essere personalizzato e monitorato fino a quando si trova la strada giusta. È un gioco divertente, anche perché, una volta capite le regole, siamo noi a condurlo.
Altre volte ancora può essere questione di tempo: la persona non si trova nel momento giusto della sua vita per affrontare cambiamenti nel modo di nutrirsi. Mi sono resa conto che interagire con le abitudini alimentari di qualcuno è una cosa che richiede cautela e rispetto estremi: si va infatti a toccare un meccanismo che, anche se fatto di abitudini sbagliate e dannose, dall'interessato è pur sempre percepito come un equilibrio . Ci sono stati casi in cui preparare le indicazioni per un paziente è stato come condurre una trattativa di pace: una richiesta contro una concessione (per esempio, un bicchiere di vino, meglio se rosso, in cambio dell'abolizione della pasta).
Entrare in Zona è una scelta, non un tentativo. Perciò suggerisco la lettura di uno dei libri del dottor Sears, perché le persone capiscano e "sentano" ciò di cui stiamo parlando e che cosa implichi seguire la Zona. Non resta poi che aspettare il momento più opportuno.

## Le fasi della Zona

Gli effetti della Zona, se applicata in maniera corretta, sono così tanti e diversi che è necessario un po' di tempo per essere in grado di percepirli tutti e rendersi conto che i cambiamenti stanno avvenendo. All'inizio, aumento dell'energia e perdita di massa grassa sono i risultati più evidenti. Ci si sente subito meglio e, più si procede, più ci si accorge che il corpo sta cambiando forma.
In effetti, con la Zona non si ottiene il classico dimagrimento che spesso porta a perdite eccessive in alcune parti del corpo (viso, busto) a scapito di altre che, in realtà, dovrebbero diminuire di più (vita, fianchi, gambe, braccia). La Zona rimodella la persona nei punti in cui è necessario: il trucco sta nella qualità del dimagrimento. Se si colpisce con precisione la massa grassa lasciando integra o addirittura aumentando quella magra, ecco che il fisico assume un aspetto armonioso e proporzionato. Il volto di chi segue la Zona è disteso, ringiovanito, e la pelle è straordinariamente luminosa. È sempre una gioia vedere queste trasformazioni.
Quando l'obiettivo iniziale è stato raggiunto, ci si può concentrare sugli altri cambiamenti avvenuti: prima di tutto l'umore, la capacità di gestire lo stress, di far fronte ai diversi impegni con maggiore determinazione e di sentirsi molto più tonici in generale. Questo è il momento in cui normalmente le persone stringono un patto di alleanza con la Zona, avendo imparato quali sono i trucchi per utilizzarla al meglio pur tenendo conto delle necessità individuali. Ancora una volta, se trattiamo la Zona come una delle ennesime diete post-Natale, post-Pasqua o pre-bikini, stiamo buttando alle ortiche uno straordinario strumento di benessere. Personalmente, in questi anni ho sperimentato che entrare in Zona significa raggiungere una meta attraverso diverse fasi. Amo il mare e per spiegare ciò che accade nelle varie tappe del percorso verso la Zona utilizzerò una metafora collegata al mio passato di istruttrice di sub.
Come ho detto, la prima fase della Zona prevede la sostituzione quasi totale dei carboidrati sfavorevoli con quelli favorevoli. Questa fase equivale al momento della preparazione in piscina quando si impara ad andare sott'acqua, attività che costa fatica e richiede un po' di tempo per l'adattamento.
Una volta acquisita l'abilità necessaria per interagire con il mondo sommerso (e cioè una volta accettata l'idea della privazione della pasta), dalla piscina si passa al mare, nel quale ci ritroviamo decisamente disorientati (come in Zona senza la pizza, il cioccolato e così via), e cominciamo a domandarci come ci sia venuta la balzana idea di andare sott'acqua. Anche all'inizio della Zona, infatti, alcune persone dubitano del fatto che poi staranno meglio.
Affinché la sostituzione dei carboidrati sfavorevoli con quelli favorevoli avvenga senza provocare fame, debolezza e carenze, è necessario effettuare con attenzione questo scambio, tenendo conto delle risposte individuali. La

biochimica non ama le approssimazioni. La seconda fase è quella della stabilizzazione del nuovo rapporto con i carboidrati favorevoli e del raggiungimento dell'obiettivo desiderato. Siamo in acqua e piano piano ci rendiamo conto che ciò che ci circonda ha qualcosa di insolito ma estremamente piacevole: la percezione del corpo cambia, ritrovarsi sospesi nell'acqua si rivela incredibilmente rilassante e impariamo a muoverci in maniera diversa rispetto a prima. Allo stesso modo, in Zona a cambiare è la percezione dell'effetto che le diverse fonti di zuccheri provocano nell'organismo di ognuno di noi. È una sensazione straordinaria diventare gli esperti di noi stessi nella scelta della fonte di carboidrati per noi più appropriata. Intanto, sott'acqua, ci accorgiamo di non essere poi così maldestri e disorientati come all'inizio e cominciamo a riprendere consapevolezza del nostro corpo e della nuova dimensione in cui ci troviamo. In questa fase scopriamo che si vive benissimo anche attingendo per gli zuccheri a frutta e verdura. Sott'acqua, sentiamo che le nostre funzioni vitali sono assolutamente invariate rispetto alla normalità terrestre. È solo questione di trovare la miscela giusta!

A questo punto siamo nella condizione di scegliere quale tipo di carburante impiegare: benzina normale, che ci rende meno rapidi e lucidi, oppure benzina super, che ci permette di comportarci come autentiche macchine da corsa. Il messaggio importante è che, una volta che abbiamo provato entrambe le esperienze "zuccherine", non dobbiamo necessariamente decidere di vivere solo in un modo piuttosto che in un altro. Ci sono momenti della vita in cui possiamo permetterci il lusso di non dover essere macchine da corsa e altri in cui il fatto di poter competere ai massimi livelli diventa fondamentale. Si tratta di due diversi tipi di carburante, che possiamo imparare a usare senza nessuna difficoltà.

Ma veniamo alla terza fase, la più bella, quella in cui l'applicazione della Zona è diventata nostra, in cui capiamo che ci siamo cuciti addosso un abito perfetto. In acqua, è un momento magico. Dopo la paura e il disagio provati nei primi metri di immersione, siamo gradualmente scesi un po' più in profondità (esattamente come quando "entriamo" in noi stessi ascoltando il corpo) e stiamo scoprendo un mondo incredibile. I colori intorno a noi sono stupefacenti, le creature marine sono di una bellezza da lasciare senza respiro, la loro delicatezza e l'eleganza con cui si muovono sono impressionanti: vorremmo che quella condizione di leggerezza e calma durasse per sempre. È una nuova dimensione, ricca di emozioni profonde. È una bella esperienza sentirsi bene: troppo spesso capita di non ricordarlo nemmeno più. Sentirsi bene fa stare bene noi ma anche chi ci circonda: la nostra energia diventa positiva, e l'energia positiva è contagiosa. Avere la forza e la voglia di affrontare le nostre giornate con entusiasmo e un sorriso sulle labbra è qualcosa che ci rende assolutamente speciali. Nessuno nega un sorriso a chi gli ha sorriso: è così che inizia il contagio!

La terza fase è quindi un momento di grande connessione con noi stessi e di rapporto intimo con il nostro corpo.

È a questo punto che si impara a formulare quella che io chiamo la "pozione magica della Zona", mescolando le giuste quantità di carboidrati favorevoli e sfavorevoli, a seconda della reazione del corpo, aggiungendo le proteine e i grassi necessari a completare l'alchimia.
Questo è il cammino verso la vera Zona; ecco perché sono necessari tempo e costanza ed è importante essere guidati da persone competenti e qualificate. Ne vale comunque la pena, perché ne va del nostro benessere. Non lasciatevi condizionare da chi ha provato solo la terraferma: decidete di "immergervi", poi sarete voi a stabilire se l'esperienza è stata negativa o positiva.
Non fatevi incantare da chi vi propone una dieta fotocopia: non è serio e non può tenere conto delle vostre peculiari esigenze.
Quando l'approccio alla Zona è avvenuto in maniera corretta, per un periodo il corpo permette di tornare alle vecchie abitudini. Ci sembra di poter vivere di rendita. In realtà, è un permesso a tempo determinato: una volta scaduto, non solo usciamo dalla Zona, ma percepiamo anche che non stiamo funzionando bene come prima.
La porta della Zona è sempre aperta, possiamo entrare o uscire, la scelta è nostra. Bastano pochi giorni e l'equilibrio glicemico sarà nuovamente sotto controllo, perché il principio proteine + carboidrati + grassi rimane indelebile nella memoria: alla mente piace ricordare ciò che ci fa stare bene.

## Il "bello" della Zona

Fin da bambina ho amato le cose belle, dalle forme armoniose: la vita di mia madre ha iniziato a complicarsi da quando, a otto mesi di età, decisi di camminare da sola per raggiungere una bellissima collana di perle che lei lasciava penzolare dalle mani, nel disperato tentativo di tenermi tranquilla... o forse di ipnotizzarmi. Chissà.
Nell'arco degli anni, la continua ricerca dell'armonia in ogni cosa mi ha portata a scoprire tutte le sfumature e le componenti della bellezza. Questa è per me una ricerca quotidiana, senza sosta: è qualcosa che ormai fa parte del mio modo di essere, di pensare, di sentire. Ed è con questo spirito e con questo intento che affronto ogni giorno il mio lavoro: chiunque si sieda davanti a me può essere fonte di bellezza, perché tutti gli esseri umani sono belli quando emanano armonia ed equilibrio. La bellezza ha origine dentro di noi, nell'anima.
Lavorando con le persone, ho imparato che anche l'energia degli individui più "problematici" cambia nel momento in cui imparano a nutrirsi bene, modificando alcune reazioni biochimiche dell'organismo. Spesso chi si rivolge a me lo fa con aria di sfida, con diffidenza, convinto che quello che sta intraprendendo non sarà che un altro dei suoi

fallimentari tentativi di imparare a interagire con il cibo in maniera costruttiva e non distruttiva. Percepire queste sensazioni non è né facile né piacevole, ma il numero di insuccessi è così insignificante che ormai ho imparato che spesso sono proprio questi soggetti a diventare i più convinti sostenitori della Zona.
Valentina, la mia assistente nello studio di Udine, spesso parlando di una paziente mi dice: "Hai visto che cambiamento ha fatto quella signora? Sembra ringiovanita di dieci anni, ed è persino diventata simpatica!" Io sorrido, ma è davvero così. Non credo che le persone siano antipatiche o scostanti per natura: la mia professione mi ha insegnato che spesso dietro atteggiamenti del genere si nascondono dolore, insicurezza, paura, scarsa autostima, sia nelle donne sia negli uomini.
Ogni volta succede la magia: appena ci prendiamo cura di noi stessi adottando un'alimentazione migliore, ci sentiamo meglio e il nostro approccio nei confronti del mondo e di chi vive accanto a noi cambia in maniera radicale. Automaticamente diventiamo più belli: ritroviamo il sorriso e l'entusiasmo perso a causa della perenne sensazione di malessere generale e della stanchezza tipici di un'alimentazione squilibrata o carente. Il volto si distende e l'espressione cambia, lasciando trasparire la serenità di chi si sente bene. È da qui che nasce la vera bellezza, da dentro di noi, e solo ciò che sta qui sopravviverà ai segni del tempo e delle esperienze. Se iniziamo a lavorare dalla nostra anima per arrivare alla bellezza del corpo, il successo è garantito e il risultato perenne.

## L'armonia delle forme

"Il nostro corpo è un susseguirsi di convessità e cavità, di luci e di ombre, di chiari e scuri", scrive Marco Gasparotti in *Che faccio, mi rifaccio?* La vera bellezza di un corpo si ha quando si crea un'armonia fra tutti questi elementi: ognuno di noi ha una sua "zona di bellezza", che è individuale e irripetibile. Rifiuto l'idea di portare le persone a raggiungere un'ideale di bellezza collegato all'essere semplicemente più magre. La magrezza fine a se stessa non ha nulla a che fare con il concetto di bello. Si è belli quando le forme sono in equilibrio fra loro, e questo non dipende da ciò che dice una bilancia.
La Zona lavora sugli accumuli di massa grassa eccessivi, quelli che in effetti stonano con l'insieme del soggetto. Ci sono donne che raggiungono l'armonia delle forme con una massa grassa pari al 20% e altre che sono bellissime con una massa del 25%: dipende da tanti fattori. Quando qualcuno si rivolge a me per dimagrire, mi piace pensare che in realtà desideri ottenere armonia a livello fisico, per poi creare automaticamente armonia in ogni cosa che lo circonda ma anche dentro di sé, nella sua anima.

## Una pelle perfetta

Sicuramente molti di voi avranno investito autentici capitali in cosmetici di ogni genere per migliorare l'aspetto della pelle, che costituisce la nostra carta d'identità quando ci presentiamo agli altri: basta una rapida occhiata per vedere se la persona di fronte a noi sta bene oppure no. La pelle non mente, le pubblicità dei cosmetici, a volte, sì.
Per avere una bella pelle è necessario mantenere bassi i livelli di infiammazione, perché è da questa che dipendono la formazione di rughe e la presenza di inestetismi quali eczemi, colorito spento, arrossamenti e così via.
Tenere sotto controllo i livelli di eicosanoidi "cattivi" (proinfiammatori) significa garantire alla pelle una migliore ossigenazione e quindi un aspetto sano e luminoso. Gli eicosanoidi "buoni" (antinfiammatori) stimolano la produzione del collagene, una proteina responsabile della compattezza e della tonicità della pelle. Inoltre, se controlliamo l'infiammazione siamo anche in grado di limitare la formazione di radicali liberi, veri nemici della nostra bellezza. Non ultimo, un'alimentazione ricca di frutta e verdura aumenta il livello di idratazione della pelle.

## Muscolatura scolpita e un corpo rimodellato

Grazie al lavoro sincronizzato dell'insulina e del glucagone, siamo in grado di ottenere la trasformazione di una parte dell'eccesso della massa grassa in massa magra. Il risultato è un corpo tonico, con muscoli scolpiti e definiti, perché la massa grassa che nasconde quella magra viene eliminata.
Questo non è un processo riservato solo agli atleti – come molto spesso si sente dire riguardo alla Zona –, ma anche a coloro che conducono una vita normale. Il meccanismo che sta alla base della Zona, grazie al quale si agisce sulla massa grassa (che non pesa ma fa volume) e non su quella magra (che pesa ma è compatta), permette di ottenere una riduzione delle dimensioni della persona in maniera proporzionata: è come se ridisegnassimo la sagoma del soggetto, arrotondando e riducendo la figura nei punti giusti.
Ancora una volta, ricordo che la diminuzione della massa grassa (quindi della taglia) è la conseguenza di un'applicazione corretta della Zona: tale risultato non sempre si accompagna a un calo di peso perché, se è avvenuta la trasformazione, è normale che ci si "stringa" (meno massa grassa) e contemporaneamente ci si "compatti", pesando di più (più massa magra, quindi niente caduta dei tessuti). Il dimagrimento derivato dalle diete ipocaloriche o iperproteiche, invece, conferisce un aspetto emaciato accompagnato dalla perdita di tonicità della pelle (e quindi dalle smagliature), ben lontano dall'immagine tipica di chi segue la Zona.

### Diminuzione della cellulite

Esistono due tipi di cellulite, quella reversibile e quella cronica. La cellulite che può regredire è in realtà un accumulo di liquidi in eccesso unito a uno stato infiammatorio del tessuto. Quella cronica comporta una compromissione della struttura del tessuto dovuta all'infiammazione.
La cellulite è causata da vari fattori (genetici, ormonali, nutrizionali e così via). Seguendo un'alimentazione che riduca al minimo lo stato infiammatorio e allo stesso tempo aumenti il flusso sanguigno nei tessuti, garantendo così una maggiore ossigenazione, si ha un notevole miglioramento dell'aspetto "a buccia d'arancia" della pelle, tipico della cellulite. Con la Zona le forme reversibili scompaiono e quelle ormai croniche vedono migliorare la consistenza e l'aspetto dell'epidermide.

### Ottimizzare la chirurgia estetica

Il numero delle persone che decidono di sottoporsi agli interventi di liposuzione è in vertiginoso aumento. Non ce ne sono altrettante, però, che scelgono di nutrirsi in maniera corretta per poter mantenere il risultato ottenuto dal chirurgo.
Entrare in Zona prima di un intervento garantisce diversi vantaggi, perché il soggetto sarà in condizioni di salute ottimali: pieno di energia, con valori del sangue perfetti, tessuti disinfiammati e tonici, massa grassa da asportare ridotta al minimo. Tutti questi fattori diminuiscono gli eventuali rischi derivanti dalla liposuzione e aiutano il paziente a recuperare rapidamente.
Una volta ottenuto il risultato, è fondamentale avere imparato a nutrirsi in modo equilibrato, per evitare che il lavoro del chirurgo sia vanificato nell'ennesima altalena di aumento e calo di peso.

### Capelli più forti e più belli

Tutti farebbero carte false per avere una capigliatura forte e sana, e questo è un sogno realizzabile. La cheratina (la proteina strutturale responsabile della robustezza dei capelli) è controllata dagli eicosanoidi. Nel momento in cui moduliamo l'equilibrio di questi ormoni grazie a un'alimentazione corretta, automaticamente ci garantiamo capelli più sani, forti e lucidi.

# 4

## Tutto inizia dall'infiammazione

di Barry Sears

Fin dalla nascita della scienza medica, il controllo dei processi infiammatori è stato uno dei principali obiettivi dei pazienti e dei medici. E ancora oggi la situazione non è cambiata: abbiamo infatti acquisito solo poche conoscenze sull'origine dell'infiammazione e, cosa ancora più importante, su come tenerla sotto controllo agendo sullo stile di vita. Abbiamo però capito che esistono due tipi di infiammazione: la forma classica e quella silente. La prima provoca dolore, ecco perché la ricerca medica compie molti sforzi per studiare nuovi analgesici. La forma silente causa invece sintomi che non superano la soglia del dolore, quindi non viene quasi mai contrastata, perché è difficile credere di stare male se non si avvertono sensazioni fastidiose. Il risultato è che questo tipo di infiammazione può perdurare anni, addirittura decenni, attaccando così organi vitali come il cervello, il cuore, il sistema immunitario e la pelle, provocando una serie di danni che invece noi attribuiamo alle malattie croniche o all'invecchiamento.

Possiamo quindi affermare che il progressivo passaggio dallo stato di benessere a quello di malattia cronica è mediato dall'aumento dei livelli di infiammazione silente, come mostrato dal seguente schema:

Benessere ➤ Infiammazione silente ➤ Malattia cronica

Maggiore è la diffusione dello stato infiammatorio silente all'interno dell'organismo, più rapido sarà questo passaggio. Al contrario, più si riduce l'infiammazione, più velocemente si ristabilisce il benessere.La battaglia contro le infiammazioni silenti richiede un impegno e un'attenzione costanti.

### Gli eicosanoidi e l'infiammazione

Sia l'infiammazione classica sia quella silente sono mediate da un gruppo di ormoni chiamati eicosanoidi.
Praticamente tutti i farmaci antinfiammatori (l'aspirina, gli antinfiammatori non steroidei, gli inibitori della COX-2

e i corticosteroidi) agiscono tramite lo stesso meccanismo, riducendo cioè la produzione degli eicosanoidi proinfiammatori. Potremmo in teoria pensare che la somministrazione di questi farmaci serva anche a contrastare le infiammazioni silenti ma, sfortunatamente, provoca significativi effetti collaterali che ne sconsigliano l'uso prolungato. Fra questi ricordiamo:

- soppressione del sistema immunitario
- osteoporosi
- insufficienza cardiaca
- infarto
- morte

Esiste invece una via alternativa priva di effetti collaterali, percorribile tutti i giorni e per tutta la vita, che si chiama alimentazione antinfiammatoria o, più precisamente, strategia alimentare Zona.
Per comprendere il principio che sta alla base di questo regime alimentare è necessario conoscere come agiscono gli ormoni che mediano l'infiammazione. Gli eicosanoidi comprendono un ampio gruppo di ormoni derivati dagli acidi grassi essenziali a lunga catena. Si tratta dei primi ormoni che si sono formati negli organismi viventi, più di cinquecento milioni di anni fa.
Per questo motivo, esercitano un controllo diretto o indiretto su tutti gli altri ormoni dell'organismo. Gli eicosanoidi possono svolgere un'azione proinfiammatoria o antinfiammatoria, a seconda della loro capacità di attivare o ridurre i processi infiammatori. Questo si verifica perché il processo infiammatorio consta di due fasi: fase proinfiammatoria (distruzione cellulare), fase antinfiammatoria (ringiovanimento cellulare).
Nell'infiammazione classica l'evento iniziale che scatena la risposta infiammatoria è sempre esterno, e può essere di origine traumatica o derivare da un'infezione microbica. Indipendentemente dall'evento iniziale, la sequenza di fenomeni che ne deriva è analoga. Prima di tutto si ha la fase proinfiammatoria, che provoca la distruzione delle cellule a mano a mano che l'organismo cerca di contenere il problema; i danni collaterali che si verificano durante questa fase sono all'origine del dolore tipico dell'infiammazione classica.
La risposta antinfiammatoria, che è impressa nei nostri geni, contrasta la fase proinfiammatoria provocando il ringiovanimento delle cellule. Questo processo è controllato dagli acidi grassi essenziali presenti nelle membrane cellulari dell'area colpita dall'infiammazione. Tanto più è equilibrata la concentrazione dei precursori degli eicosanoidi, tanto più efficace sarà la rigenerazione cellulare. I farmaci antinfiammatori classici cercano di inibire la

formazione degli eicosanoidi proinfiammatori, agendo quindi a valle del problema. Sfortunatamente, inibiscono anche la formazione degli eicosanoidi antinfiammatori, ostacolando così la fase di ringiovanimento cellulare: i farmaci non sono cioè in grado di differenziare i due tipi di ormoni. Questa è l'origine degli effetti collaterali conseguenti all'uso prolungato di antinfiammatori.

Nell'infiammazione silente il processo è più complesso, in quanto la causa primaria è da ricercare nelle abitudini alimentari del soggetto. Possiamo definire infiammazione "silente" la propensione a sviluppare un processo infiammatorio a livello molecolare senza però raggiungere una diffusione tale da provocare dolore. Ciò significa che la fase proinfiammatoria è costantemente in atto. Dato che questo tipo di infiammazione non causa sensazioni dolorose, non ci rendiamo conto di avere un problema, anche se un determinato organo è sotto costante attacco dei mediatori proinfiammatori.

Tutto questo dipende dal rapporto esistente nell'organismo fra gli acidi grassi essenziali precursori di eicosanoidi proinfiammatori e antinfiammatori. Se il rapporto è equilibrato, la quantità di cellule che vengono rigenerate sarà maggiore rispetto a quelle che vengono distrutte. Agire modificando l'equilibrio tra i precursori degli eicosanoidi pro e antinfiammatori significa quindi agire a monte del problema. Attualmente non esistono farmaci in grado di funzionare in questo modo. Esiste però un regime alimentare che può modulare questo delicato equilibrio, in maniera semplice e naturale, senza ricorrere alla farmacologia.

## I precursori degli acidi grassi essenziali

Esistono solo tre tipi di acidi grassi che possono essere trasformati in eicosanoidi: l'acido diomogamma linolenico (DGLA), l'acido arachidonico (AA) e l'acido eicosapentaenoico (EPA).

I primi due sono acidi grassi omega-6, mentre il terzo è un acido grasso omega-3. Il DGLA è il precursore molecolare degli eicosanoidi antinfiammatori, l'AA di quelli pro-infiammatori e l'EPA di quelli relativamente neutri. L'EPA svolge però un ruolo molto importante nel mantenere l'equilibrio dinamico fra il DGLA e l'AA. Per ottenere un regime alimentare che combatta veramente le infiammazioni è necessario mantenere questi tre acidi grassi in un rapporto dinamico, che può essere garantito dal corretto apporto di fosfolipidi nel sangue. In particolare, è importante che il rapporto AA/EPA (indicatore del potenziale stato pro-infiammatorio) sia compreso fra 1,5 e 3 e che quello AA/DGLA (indicatore del potenziale stato antinfiammatorio) sia inferiore a 3. Usando in modo appropriato questi indicatori clinici è possibile correggere con estrema precisione l'entità dell'infiammazione silente.

A mano a mano che i livelli di acido arachidonico salgono, si diffonde anche la fase pro-infiammatoria, con contemporanea diminuzione dei fattori antinfiammatori all'interno dell'organismo (evidenziati dal calo del DGLA). Questo comporta un aumento delle manifestazioni delle malattie croniche e il corrispondente declino del benessere in età precoce.

## La dieta Zona

È stata da me messa a punto più di quindici anni fa, al fine di mantenere i livelli degli ormoni direttamente influenzati dall'alimentazione (insulina, glucagone ed eicosanoidi) in un intervallo di valori non troppo alto né troppo basso, con l'obiettivo finale di tenere sotto controllo le infiammazioni silenti all'interno dell'organismo. Si può raggiungere lo scopo attraverso il regime alimentare, in quanto i livelli di insulina post-prandiali sono direttamente influenzati dall'apporto di carboidrati nel pasto, mentre quelli di glucagone dipendono dalla quantità di proteine consumate. L'equilibrio fra gli eicosanoidi dipenderà dalla quantità di acidi grassi omega-6 e omega-3 assunti e dal rapporto fra l'insulina e il glucagone. Il punto d'incontro fra tutti questi fattori alimentari è l'enzima delta 5-desaturasi, che controlla la conversione del DGLA in AA.
Come la maggior parte degli enzimi chiave del nostro organismo, il delta 5-desaturasi agisce sotto stretto controllo ormonale, in particolare viene attivato dall'insulina e inibito dal glucagone. Quindi, se alziamo troppo i livelli di insulina creiamo le condizioni per un incremento degli eicosanoidi "cattivi". Il glucagone derivante dalle proteine funge invece da modulatore di questa conversione, che porta alla formazione di eicosanoidi pro-infiammatori. L'equilibrio alimentare fra proteine e carboidrati è fondamentale per controllare i livelli cellulari di DGLA e di AA. Le nostre ricerche hanno dimostrato che, per controllare l'attività dell'insulina delta-5 desaturasi, in un pasto il rapporto ottimale fra proteine e carboidrati deve essere leggermente inferiore a 1. Se questo rapporto diminuisce, come accade nelle diete ad alto apporto di carboidrati, aumenta la secrezione di insulina, quindi il bilancio tra DGLA e AA si sposta verso una maggiore produzione di eicosanoidi pro-infiammatori.
Nel caso, invece, di una dieta iperproteica, i livelli di insulina risultano troppo bassi per garantire il corretto apporto di nutrienti alle cellule. È evidente che è necessario trovare un equilibrio fra i due macronutrienti, per poter modulare attraverso il cibo la formazione degli eicosanoidi pro-infiammatori e combattere così l'insorgenza dell'infiammazione silente.

## Le conseguenze dell'infiammazione silente

Ogni malattia cronica è virtualmente associata a una forma di infiammazione silente. Vediamone qualche esempio:

- obesità
- diabete mellito di tipo II
- malattie cardiache
- cancro
- morbo di Alzheimer
- artrite
- asma
- allergie
- problemi cutanei
- infiammazioni croniche di uno specifico organo

Come si può notare da questo elenco, si tratta della maggior parte delle condizioni croniche responsabili delle malattie più comuni in tutti i paesi sviluppati.

## Un prezioso alleato: l'EPA

La Zona è uno strumento fondamentale per la regolazione dell'equilibrio dinamico fra DGLA e AA, tuttavia il massiccio incremento dell'assunzione di oli vegetali ricchi di acidi grassi omega-6 avvenuto nel secolo scorso rende più difficile il lavoro di questa strategia nutrizionale. Aumentando l'apporto di acidi grassi omega-6, cresce contemporaneamente il substrato che può vanificare da solo il controllo alimentare dell'insulina, influenzando direttamente l'attività dell'enzima delta 5-desaturasi.
Sebbene l'EPA sia il precursore degli eicosanoidi virtualmente neutri, svolge un ruolo vitale nel mantenere il corretto equilibrio fra DGLA e AA, in quanto inibisce l'enzima delta 5-desaturasi. Ciò significa che alti livelli di EPA possono contrastare l'eccesso di insulina provocato da un'alimentazione ricca di carboidrati, che normalmente faciliterebbe la conversione da DGLA in AA.

Questo è uno dei segreti della dieta mediterranea classica, che è ricca di pesce (quindi di EPA) e di carboidrati a basso carico glicemico (frutta e verdura). L'elevato consumo di pesce mantiene effettivamente sotto controllo le infiammazioni silenti.

La Zona non è affatto lontana dalla dieta mediterranea, intendendo appunto quella caratterizzata da pesce, frutta e verdura, piuttosto che quella "italianizzata" a base di pasta e riso. Nella Zona (forte delle nuove scoperte nell'ambito dell'alimentazione ormonale), viene ridotto l'apporto di cereali e amidi (i carboidrati ad alto carico glicemico), che sono sostituiti con altri carboidrati a più basso carico glicemico; così facendo, la risposta insulinica migliora. L'apporto di pesce viene raccomandato perché, se questo diminuisce a favore di cereali e amidi, si accelera il processo di trasformazione del DGLA in AA, con il conseguente aumento dell'infiammazione silente.

La domanda è: quanto EPA dobbiamo assumere? Questo dipende dall'alimentazione che seguiamo e dalla nostra personale struttura genetica, ma può essere determinato con grande precisione misurando il rapporto fra AA ed EPA nei fosfolipidi isolati nel sangue. Più una persona segue fedelmente la Zona, minori sono le quantità di EPA necessarie per ottenere un rapporto equilibrato. Al contrario, più ci si allontana dai principi di questa strategia alimentare, maggiore sarà l'apporto di EPA necessario a ridurre l'infiammazione silente.

Grazie all'elevato consumo di pesce tipico della dieta mediterranea classica, in passato le infiammazioni silenti erano meno diffuse tra le popolazioni che la seguivano rispetto agli altri paesi industrializzati, anche se spesso questo regime alimentare è erroneamente considerato ad alto apporto di carboidrati.

Negli Stati Uniti, dove la tradizione alimentare è ad alto tenore di carboidrati e il consumo di pesce è basso, i livelli di infiammazione silente sono molto maggiori, e ciò si riflette sull'elevata incidenza di malattie croniche. Il più diffuso utilizzo di oli vegetali e il diminuito consumo di pesce hanno alterato la dieta mediterranea portando, nelle ultime generazioni, a un aumento dell'infiammazione silente. Ecco perché l'incidenza di malattie croniche come l'obesità e il diabete mellito di tipo II sta aumentando vertiginosamente. Appare sempre più evidente che, se siamo in grado di controllare l'infiammazione, possiamo anche risolvere o almeno prevenire molte situazioni a rischio di patologia. Senza necessariamente pensare sempre ad aspetti gravi legati al malessere, vedremo come la strategia nutrizionale Zona possa dimostrarsi l'arma vincente per migliorare anche il nostro aspetto e per rallentare il tempo che passa.

# 5

# Giocare contro il tempo

## La medicina antiaging

L'invecchiamento è un evento naturale che può iniziare già dopo i trentacinque anni e porta a una serie di cambiamenti biochimici e psicologici caratterizzati da un progressivo deterioramento della capacità dell'organismo di adattarsi all'ambiente. Questo disadattamento genera una serie di sintomi che non sono altro che gli indicatori biologici fisico-biochimici dell'invecchiamento stesso. La medicina antiaging è una branca emergente della medicina che si occupa prevalentemente di persone clinicamente sane, cioè senza patologie importanti in atto. Per stabilire una diagnosi impiega sia i sistemi tradizionali sia quelli d'avanguardia, allo scopo di determinare l'effettivo stato di salute del nostro organismo, i fattori di rischio che possono causarne un cattivo funzionamento o innescare una patologia. Così facendo, si creano le premesse per agire tempestivamente su un processo di invecchiamento precoce, invertendo la rotta ed evitando ulteriori danni a livello cellulare.

### Gli indici biologici

Gli studi sull'invecchiamento hanno dimostrato che con l'età aumentano:

- La resistenza all'insulina, perché cala la tolleranza al glucosio
- Il grasso corporeo, quindi la percentuale di massa grassa
- La pressione sanguigna, di conseguenza il rischio cardiovascolare
- I livelli di colesterolo (si riduce la quantità di colesterolo "buono")

Diminuiscono invece:

- La tolleranza al glucosio
- La massa muscolare, quindi la forza e la tonicità
- La resistenza aerobica, di conseguenza la capacità di recupero dagli sforzi fisici

- Le memoria e la concentrazione
- Il tono dell'umore, con tendenza alla depressione
- Le funzioni immunitarie
- Le ore di sonno
- La compattezza ossea (processo di demineralizzazione)
- La capacità di termoregolazione
- La compattezza delle proteine strutturali del derma (elastina e collagene), con la conseguente formazione di rughe e la perdita di elasticità della pelle

### Invecchiare è una scelta?

Nel 1990 è stato istituito negli Stati Uniti il Progetto Genoma, che aveva come obiettivo quello di conoscere e indagare la sequenza di tutto il materiale genetico umano, composto da più di cinquantamila geni. Grazie a questo immenso lavoro è stato possibile dimostrare che molte patologie sono legate a una predisposizione genetica.
Questo però non significa che la situazione sia immutabile: noi possiamo infatti contribuire a determinare il comportamento dei nostri geni, influenzandoli in modo positivo o negativo attraverso molti fattori ambientali come lo stress, l'alimentazione, i nutrienti, gli agenti chimici eccetera.
In base a queste considerazioni è possibile affermare che la sola predisposizione a una malattia non è sufficiente per provocarla. Alcuni studi dimostrano che ogni individuo è responsabile del proprio invecchiamento per il 60-70% . Siamo noi che, con il nostro stile di vita, possiamo invecchiare di più o di meno, essere in salute oppure no, vivere come macchine da corsa o come semplici utilitarie. Quindi, prevenire e rallentare l'invecchiamento precoce è possibile, seguendo regole semplici e alla portata di tutti.

## Le cause dell'invecchiamento

Apparentemente i sintomi dell'invecchiamento sembrano scollegati fra loro, ma non è così. Stando alle ricerche più avanzate, scopriamo che due dei principali fattori responsabili di questo processo derivano da livelli eccessivi di insulina, e sono l'aumento della resistenza all'insulina (che porta all'iperinsulinemia) e la ridotta tolleranza al glucosio. Questi due fenomeni sono intimamente legati e sono generati dalla perdita della capacità dell'insulina di legarsi ai propri recettori, quindi di diminuire la quantità di zucchero nel sangue. Oggi sappiamo bene quanti danni sono causati dall'eccesso di questo ormone e da quello di zuccheri nel sangue: aumento di tessuto adiposo, maggiore rischio di malattie cardiovascolari, crescita del livello di grassi nel sangue e degli eicosanoidi "cattivi", inibizione del glucagone, stimolazione del cortisolo e così via. Abbiamo già visto come il cortisolo sia un altro ormone che può trasformarsi in fonte di pericolo per la nostra salute: i suoi livelli possono aumentare sia a causa dello stress sia in seguito a concentrazioni eccessive di insulina, innescando meccanismi fisiologici irreversibili. C'è un altro fattore essenziale nella genesi dell'invecchiamento: l'aumento dello stress ossidativo, vale a dire dei radicali liberi, che sono molecole di ossigeno instabili (hanno cioè un elettrone spaiato). La natura – si sa – ama l'equilibrio, per cui l'atomo di ossigeno fa di tutto per tornare stabile: sfortunatamente, questo processo richiede l'attacco a strutture cellulari stabili, danneggiandone quindi l'integrità e la funzionalità. Questo fenomeno non colpisce solo zone limitrofe all'area di produzione dei radicali liberi, ma anche organi e tessuti distanti, portando a un lento e inesorabile deterioramento delle strutture cellulari. Le condizioni per cui si assiste a questo aumento di radicali liberi sono molte. Ricordiamone solo alcune: la presenza di uno stato infiammatorio, l'eccesso calorico (molti radicali liberi derivano da normali processi metabolici), il fumo di sigaretta, l'assunzione di alcuni farmaci, l'inquinamento, l'esposizione prolungata ai raggi solari. È molto importante, però, sottolineare come l'aumento dello stress ossidativo possa essere causato, oltre che da tali fattori, anche dalla diminuzione delle barriere antiossidanti che l'organismo mette a disposizione per proteggerci da questo tipo di danni. Se elencassimo tutti i sintomi provocati dall'iperinsulinemia, dalla ridotta tolleranza al glucosio, dall'eccesso di cortisolo e dall'aumento di radicali liberi, potremmo davvero definirli "i cardini dell'invecchiamento", anche se, oltre a questi, esistono altri fattori di non secondaria importanza. In effetti, l'altro grande capitolo delle cause dell'invecchiamento è costituito dalla rimodulazione fisiologica della produzione ormonale e dall'alterazione della comunicazione cellulare. Con il passare del tempo non si ha, come spesso si crede, una generale diminuzione della produzione ormonale, ma un suo riassestamento. Alcuni ormoni tendono ad aumentare (insulina, cortisolo), mentre la maggior parte degli altri si riduce. Così come l'incremento di insulina e di cortisolo può provocare danni all'organismo, anche la diminuzione di altri ormoni può influenzare negativamente il nostro equilibrio fisiologico. Vediamo come.

- **La riduzione del GH (ormone dell'accrescimento) ha ripercussioni sul sistema cardiovascolare, sull'incremento della massa adiposa, sulla densità ossea, sulla resistenza nell'esercizio fisico e sul calo delle difese immunitarie.**
- **Un altro ormone che tende a ridursi è il DHEA (deidroepiandrosterone). Le conseguenze sono molto importanti**

nel processo di invecchiamento, in quanto il DHEA perde la capacità di essere un antagonista del cortisolo legandosi agli stessi siti recettoriali dell'"ormone dello stress".

- Diminuisce anche la melatonina, che influisce sulla durata e sulla qualità del sonno.
- Si ha poi una riduzione degli ormoni sessuali, che porta, insieme con tutti i sintomi tipici della menopausa, anche a un calo della libido e della massa muscolare (abbassamento dei livelli di testosterone).
- Aumentano gli ormoni tiroidei, che sono coinvolti nella termogenesi e favoriscono la tendenza all'eccessivo accumulo di adipe.

Infine, non in ordine di importanza ma perché ne abbiamo parlato anche altrove, è indispensabile sottolineare il ruolo degli eicosanoidi. Questi importanti ormoni sono addetti alla regolazione "fine" della comunicazione cellulare. Svolgono quindi un ruolo chiave nel processo di invecchiamento, in quanto mettono il sistema cellulare in condizione di ricevere gli stimoli dagli ormoni nonostante il calo fisiologico che molti di questi possono subire; è un po' come se amplificassero il segnale che arriva alle cellule. Proprio per questo motivo, se la produzione di eicosanoidi non è equilibrata possono prevalere quelli proinfiammatori, che favoriscono (quindi amplificano) l'inizio dei processi di invecchiamento.

## Insomma, quanti anni abbiamo?

Qual è la nostra età biologica? È facile ritrovarsi a porsi questa domanda, soprattutto quando l'immagine che abbiamo di noi non corrisponde a quanto riportato sulla carta d'identità. Spesso ci chiediamo in quali condizioni siano i nostri organi e le nostre cellule, e quali potrebbero essere i fattori che ne stanno causando un deterioramento precoce. La ricerca e le moderne tecnologie di laboratorio sono decisamente sulla buona strada per permetterci di rispondere a questi interrogativi: sono stati infatti formulati dei protocolli di indagine che forniscono informazioni utili per intervenire contro i fattori che determinano il decadimento del nostro organismo. Gli strumenti che possiamo utilizzare per saperne un po' di più sul nostro stato di benessere sono diversi.

Profilo di salute: è un insieme di test che permette di conoscere il valore del rapporto AA/EPA, il valore delle barriere antiossidanti e lo stato dei radicali liberi, nonché il rischio ossidativo cellulare.
Profilo di età biologica: si tratta di un'indagine più approfondita: è infatti possibile ottenere un profilo di alcuni

parametri ematochimici, da interpretare in chiave funzionale per individuare se e quanto l'organismo stia andando incontro ai processi di invecchiamento.
Questo non è solo un dato curioso per i cultori del benessere estremo, ma fornisce a tutti informazioni utili sui principali fattori di rischio che possono presentarsi con il passare degli anni, con particolare riferimento alle patologie cardiovascolari, alla riduzione delle difese immunitarie, all'indice di infiammazione, ai marker tumorali e molto altro. Non a caso, la medicina antiaging comincia a essere considerata un nuovo modo di fare prevenzione.

## Rimanere giovani mentre il tempo passa: i segreti di Okinawa

di Enrico Arcelli

L'isola di Okinawa geograficamente fa parte del Giappone, dalle cui isole principali, però, è separata da oltre seicento chilometri di mare. È situata a sud del Giappone stesso e, insieme con alcune decine di isole, costituiva un regno, quello di Ryukyus, indipendente fino a poco più di duecento anni fa. Non è molto distante dalla Corea, da Taiwan e dalla Cina continentale, paesi con i quali ha avuto e continua ad averescambi commerciali e culturali molto intensi. Alcune abitudini alimentari e di vita tipiche di Okinawa sono piuttosto differenti da quelle giapponesi e risentono in parte proprio dell'influenza di quelle civiltà.
Un viaggio su quest'isola – come quello che abbiamo fatto recentemente il professor Giovanni Scapagnini, il dottor Paolo Sorbini e io – costituisce lo stimolo per tutta una serie di riflessioni su che cosa significhi davvero "alimentazione sana". La popolazione di Okinawa, infatti, non solo è la più longeva del mondo (i valori della durata della vita media sono i più alti e su 1.300.000 abitanti ci sono oltre 400 centenari), ma gode altresì di quella che viene definita *healthy longevity*, vale a dire una longevità in piena salute. Gli anziani di quell'isola (e delle altre isole attorno), infatti, hanno la mente lucida e le arterie pulite ed elastiche come se fossero dei ragazzini. Più in generale, alcune patologie nell'isola sono molto più rare che da noi; a Okinawa, per esempio, ci sono 6 casi di cancro alla mammella ogni 100.000 donne, contro i 37 dell'Italia, mentre quelli di tumore alla prostata sono 4 contro 23; in entrambi i casi il rapporto è di circa 1:6. Quanto al morbo di Alzheimer, i soggetti colpiti sono il 4% (contro il 10% degli Stati Uniti) fra i 75 e i 79 anni e il 16% (contro il 32% degli Stati Uniti) fra gli 85 e i 90 anni.
L'Università di Okinawa studia il fenomeno della *healthy longevity* da oltre trent'anni. Durante il nostro viaggio, abbiamo avuto molti contatti con lo scienziato che da più tempo se ne occupa, il professor Makoto Suzuki, e con uno studioso canadese, Craig Willcox, ormai trasferitosi stabilmente nell'isola. Inizialmente collaborava con loro

anche Bladley Willcox (gemello di Craig), ora trasferitosi alle Hawaii. I due fratelli Willcox, fra l'altro, sono stati allievi a Toronto di David Jenkins, che per primo ha parlato di indice glicemico, nel 1981, vale a dire ben venticinque anni fa (anche se, ancora oggi, molti dietologi lo ignorano). Oltre alle abitudini alimentari, nella longevità di questa popolazione ha senza dubbio un ruolo importante la pratica di molta attività fisica, a partire dal cammino, dai balli tradizionali e dalle arti marziali. Oggi una delle preoccupazioni delle autorità locali è che i giovani stanno rapidamente perdendo le abitudini dei nonni e bisnonni: fanno poco sport, usano molto il computer, mangiano all'americana e consumano una gran quantità di bevande dolci. Di conseguenza, il peso medio dei ragazzi sta rapidamente aumentando e si prevede che, entro pochi decenni, alcune malattie del benessere (obesità, ipertensione, dislipidemie, diabete mellito di tipo II e così via) diventeranno molto comuni.

## Le abitudini alimentari di Okinawa

Per le malattie di cui si è parlato in precedenza è stato rilevato che le colonie di okinawesi che si sono trasferite in Brasile o in Canada, una volta adottate le abitudini di vita del posto, tendono ad avere indici molto simili a quelli degli abitanti locali, a dimostrazione del fatto che non è la genetica a favorire la healthy longevity, ma sono i fattori ambientali, fra i quali – come si è detto – l'alimentazione e l'attività fisica hanno un ruolo fondamentale. Rispetto alle popolazioni occidentali, gli abitanti di Okinawa, del resto, hanno un regime alimentare piuttosto diverso. Innanzi tutto consumano molto pesce, in gran parte crudo, tante proteine della soia, molta verdura e una discreta quantità di frutta. Il loro apporto calorico quotidiano è basso, sia perché le proteine del pesce e quelle della soia sono molto sazianti (ben più della maggior parte delle altre proteine, a loro volta in grado di provocare l'insorgere della sazietà assai prima dei cibi ricchi di carboidrati), sia perché smettere di mangiare prima di sentirsi sazi fa parte delle loro abitudini di vita, trasmesse da una generazione all'altra.
Una delle regole sicure per vivere più a lungo è proprio quella di assicurarsi un apporto calorico quotidiano contenuto, ma al contempo bilanciato. Per questo gli abitanti più anziani di Okinawa hanno una percentuale di grasso corporeo molto bassa. Inoltre, consumano (e hanno consumato per tutta la vita) una quantità non elevata di cibi ad alto indice glicemico e pochi grassi saturi, in particolare poca carne bovina. Da molti punti di vista, la loro alimentazione è in perfetta sintonia con la Zona. Inoltre, assumono alcuni cibi che, senza dubbio, li aiutano ad acquisire e a mantenere il benessere. In ogni caso, per capire l'effetto della dieta di Okinawa è necessario parlare dell'invecchiamento e della teoria unificante, nonché della possibilità di agire sui geni attraverso gli alimenti.

## L'invecchiamento e la teoria unificante

La più moderna fra le ipotesi che tentano di spiegare l'invecchiamento è la teoria unificante, che recupera il contenuto di gran parte delle teorie formulate in passato, molte delle quali contengono indubbiamente una parte di verità; in particolare, tiene conto degli effetti dei radicali liberi e dell'infiammazione. Ma ha anche il pregio di spiegare la ragione di una così grande variabilità individuale nei confronti dell'invecchiamento.

Secondo questa teoria, nel corso della vita di ciascun individuo si verificano molteplici alterazioni a livello cellulare – nella membrana, negli enzimi, nelle proteine, nel DNA, nell'RNA e così via – causate da differenti meccanismi, che in parte si sviluppano all'interno dell'organismo e in parte sono dovuti all'ambiente. Queste alterazioni porterebbero rapidamente all'invecchiamento, alle malattie e alla morte, se nel nostro corpo non esistessero meccanismi di difesa che ci proteggono o che, in seconda battuta, riparano i danni una volta che si sono verificati. È proprio dall'equilibrio tra i fattori aggressivi (determinati prevalentemente dall'ambiente) e quelli difensivi (che, invece, sono dovuti soprattutto – ma non esclusivamente – alla genetica) che deriva una durata della vita più o meno lunga. La vera età di una persona, la sua età biologica, dipende quindi in parte dalla sua storia personale (fatta di abitudini e di casualità) e in parte dal suo patrimonio genetico.

A proposito dei meccanismi di difesa nei confronti dei radicali liberi, è noto che il nostro corpo produce enzimi e altre molecole non enzimatiche che sono in grado, appunto, di combattere i radicali liberi: si tratta degli antiossidanti endogeni. Con gli alimenti, inoltre, possono arrivare all'organismo gli antiossidanti esogeni, di tipo vitaminico (come la vitamina C o la vitamina E) o non vitaminici, come i polifenoli antiossidanti, una vasta classe di sostanze che possono essere assunte tramite l'alimentazione, essendo presenti in natura in molti cibi di origine vegetale. Nel nostro organismo esiste, insomma, un equilibrio tra effetti ossidanti dei radicali liberi e difese da parte degli antiossidanti.

Ogni volta che si verifica una sovrapproduzione di radicali liberi o che le difese sono insufficienti, questo equilibrio si spezza e si crea lo stress ossidativo che, come si è visto, è il punto di partenza comune a tanti processi patologici. Per esempio, è stato calcolato che un radicale libero ogni centomila può provocare danni al DNA; pur essendo presenti nel nucleo meccanismi in grado di ripararli, maggiore è il numero dei danni a carico del DNA, più elevato è il rischio che alcuni non siano riparati. Un discorso del tutto analogo può essere fatto per l'infiammazione; da un lato ci sono sostanze proinfiammatorie, prodotte per esempio dal tessuto adiposo endoaddominale, dall'altro può esserci un'aumentata produzione di eicosanoidi antinfiammatori, come quando si segue l'alimentazione a Zona e/o si assumono gli acidi grassi essenziali omega-3.

Un ruolo particolarmente rilevante, inoltre, è svolto dai meccanismi genetici di difesa dalle aggressioni (soprattutto nei confronti dei radicali liberi e delle infiammazioni), grazie ai quali tale protezione può essere molto potenziata; i più importanti sono senza dubbio costituiti dai vitageni. Secondo la teoria unificante, in definitiva, quel complesso fenomeno biologico che è l'invecchiamento può essere considerato la conseguenza del progressivo accumulo casuale di un danno alle macromolecole biologiche, danno che è associato a un crescente difetto dei meccanismi di difesa omeostatica e di quelli di riparazione delle molecole stesse.

### I vitageni

Nel DNA esistono probabilmente geni che favoriscono l'invecchiamento (gerontogeni), e geni che, in alcune situazioni, per esempio quando la cellula subisce certi tipi di danno, possono determinare l'apoptosi, vale a dire una sorta di suicidio programmato della cellula stessa. Ma esistono anche geni che favoriscono la vita e la vitalità cellulare. Su questi di recente si è soffermata l'attenzione degli scienziati, che li hanno chiamati vitageni: essi rappresentano il meccanismo genetico alla base della giovinezza, perché sono capaci di produrre proteine con effetti antiossidanti e antinfiammatori, oltre a svolgere una funzione antineoplastica, essendo in grado di riparare progressivamente i danni causati dalle ossidazioni.

Il programma biologico che determina la velocità di invecchiamento di ogni individuo, in pratica, comincia sin dalla giovinezza e prevede la riduzione della capacità di attivazione dei vitageni. Si può intervenire sul destino del nostro invecchiamento – per esempio attraverso farmaci e tecniche mediche –, per attivare in maniera mirata i vitageni e conquistare la massima *healthy longevity*?

Le ricerche più recenti affermano che è possibile farlo senza ricorrere ad alcun farmaco, ma semplicemente scegliendo in maniera corretta gli alimenti che si assumono. L'uso della dieta e dei cibi funzionali come strumenti di prevenzione e di cura dell'invecchiamento è particolarmente interessante, perché l'alimentazione costituisce una necessità quotidiana e può quindi rappresentare una sorta di "terapia continuativa" che ci accompagna per tutta la vita, senza peraltro presentare i rischi di tossicità dei farmaci.

### Il curry e il tè verde

Fra le malattie degenerative collegate a un invecchiamento patologico, certamente la demenza di Alzheimer è una delle più diffuse e invalidanti. Il cervello, infatti, è senza dubbio l'organo più coinvolto nella regolazione del nostro benessere e della nostra giovinezza. Il morbo di Alzheimer è una malattia degenerativa progressiva che colpisce la memoria e le facoltà cognitive. Oggi la terapia consigliata è prevalentemente di tipo sintomatico e prevede l'utilizzo di inibitori della acetilcolinesterasi, ossia di farmaci in grado di rallentare la metabolizzazione del neurotrasmettitore acetilcolina; l'obiettivo, per la verità non sempre raggiunto, è quello di migliorare le funzioni cognitive e mnemoniche. Proprio il morbo di Alzheimer (ma anche altre patologie tipiche dell'età avanzata, come quelle cardiocircolatorie e tumorali) in alcune popolazioni orientali ha una frequenza che, tenendo conto dell'età, è molto inferiore a quella che si riscontra fra le popolazioni dei paesi occidentali. Numerosi studi epidemiologici hanno evidenziato una correlazione diretta fra la tipologia e la severità di tali malattie e l'abitudine di consumare determinati cibi. Per quel che riguarda l'India, dove il morbo di Alzheimer e quello di Parkinson hanno un'incidenza bassissima rispetto al resto del mondo (ben sette volte meno degli Stati Uniti!), in particolare viene data molta importanza al curry, la spezia utilizzata per insaporire il riso, le carni e le verdure.

Quanto alla Cina e al Giappone, invece, si ritiene fondamentale l'abitudine di bere tè verde. Si noti che l'isola di Okinawa è l'unico paese al mondo nel quale si assumono regolarmente sia il tè verde sia il curry. Il principio attivo del curry è la curcumina, un polifenolo dal colore giallo estratto dal tumerico e usato da millenni come spezia e come rimedio tradizionale in India.

A livello scientifico, sono conosciute da anni le sue proprietà antinfiammatorie e antiossidanti. Ultimamente la curcumina ha ricevuto una considerevole attenzione da parte dei ricercatori anche per le sue proprietà antitumorali. In un recente studio condotto da Giovanni Scapagnini, dell'Istituto di Scienze Neurologiche del CNR di Catania, in collaborazione con il Rockefeller Neuroscience Institute di Washington, con l'Istituto di Farmacologia dell'Università di Pavia e con l'équipe Enervit Foundation, sono state evidenziate le capacità neuroprotettive della curcumina in vari modelli sperimentali di morte neuronale, inclusa l'apoptosi indotta da beta-amiloide. L'importanza di tale ricerca, in ogni caso, consiste soprattutto nel fatto che sono stati identificati i meccanismi biologici che sono alla base dell'efficacia terapeutica della curcumina; si è scoperto, infatti, che è in grado di attivare i vitageni, i quali sintetizzano proteine che potenziano la vitalità cellulare e proteggono i neuroni dai danni indotti dagli stress ossidativi. Già da qualche anno, invece, si sa che il principio attivo del tè verde è costituito da un altro polifenolo, a sua volta dotato di attività antinfiammatoria e antiossidante: è una delle sei catechine contenute nel tè verde, per la precisione l'epigallocatechina-3-gallato o EGCG.

Questa sostanza è dotata anche di attività antineoplastica, essendo in grado di rallentare o di bloccare la trasformazione delle cellule sane in tumori, la loro crescita, la loro diffusione e lo sviluppo dei vasi sanguigni che nutrono la massa tumorale. Studi più recenti hanno poi evidenziato un potente effetto dell'EGCG contro l'invecchiamento cerebrale; si è dimostrato che, in un modello sperimentale di morbo di Alzheimer, questo polifenolo è in grado di proteggere i neuroni dalla morte cellulare. Anche l'EGCG agisce attivando i vitageni e in sinergia con i principi attivi della curcumina. Uno dei segreti della *healthy longevity* degli okinawesi sembra essere, dunque, il consumo abituale del tè verde e del curry.

### Il "beni-imo"

Negli ultimi anni, alcune ricerche hanno sostenuto che nella longevità in piena salute tipica degli anziani abitanti di Okinawa abbia una certa importanza anche il *beni-imo*, una patata dolce dalla polpa color rosso-violetto (*beni* significa "porpora", *imo* "patata dolce"). Si ritiene che faccia bene alla salute perché contiene alcuni particolari polifenoli, proprio quelli che le conferiscono la particolare colorazione. Le patate dolci dalla polpa rosso-violetto sono originarie della Cina; vengono consumate in grande quantità anche dai centenari che vivono in Cina nell'area del monte Yiemeng, le cui abitudini alimentari sono state studiate a lungo alcuni anni fa. Sembra che a Okinawa i futuri centenari abbiano mangiato nel corso della vita grandi quantità di patate dolci di questo tipo; i loro coetanei che, invece, hanno consumato in prevalenza riso (il cui indice glicemico è più alto) hanno avuto una vita sensibilmente più breve. Ancora oggi, in ogni caso, il beni-imo viene consumato abbondantemente dagli abitanti di Okinawa, ed è impiegato anche nella preparazione di dolci.

# 6

# Storie di vita in Zona

## Imparare a volersi bene

Sono davvero convinta che la chirurgia plastica ed estetica – quando ci si affida a medici competenti – possa fare miracoli. Diverse persone intraprendono la Zona prima di affrontare un intervento di chirurgia plastica, per i motivi citati nel Capitolo 3. I vantaggi sono molteplici, ma a volte le cose non vanno come dovrebbero, perché un intervento presenta sempre dei rischi. In questi casi la Zona può davvero essere un'ancora di salvezza e uno strumento che rende più semplice il recupero in una situazione compromessa. Vi racconto il caso di Gaia, una ragazza che, a un certo punto della vita, decide di sottoporsi a un intervento di liposuzione. Fa di tutto per ottenere la massima sicurezza, recandosi addirittura all'estero, convinta di ricevere un'assistenza migliore. L'intervento è programmato per essere semplice e piuttosto breve, perché gran parte del lavoro sul suo corpo Gaia l'ha già fatto da sola, applicando i principi della Zona appresi dall'unico libro del dottor Sears all'epoca disponibile.
Gaia si presenta tranquilla e impaziente all'appuntamento, rincuorata dal fatto che l'operazione sarà una passeggiata, o almeno così le hanno fatto credere.
Qualcosa – per non dire tutto –, però, va storto, tanto che rimane in sala operatoria quasi sette ore. Il chirurgo sbaglia completamente l'intervento, succede qualcosa di imprevisto e mai spiegato e si verifica un'emorragia così forte che nella notte dopo l'operazione Gaia rischia di morire. Sono necessarie due trasfusioni. Il chirurgo non si fa rintracciare fino alla mattina successiva. Il bilancio dell'intervento? Danni fisici, fisiologici e, soprattutto, psicologici: segni indelebili nel tempo. Gaia paga e pagherà cara tutta la vita la sua "passeggiata" in sala operatoria. A sei mesi dall'intervento – una volta riassorbito l'enorme ematoma provocato dalla mano maldestra del chirurgo – si iniziano a valutare realisticamente i danni. Un disastro totale, che provoca nella ragazza uno choc e la tremenda consapevolezza di essere stata rovinata per sempre.
Comincia un calvario alla ricerca di qualcuno che possa rimediare, almeno in parte, a una situazione gravissima. Incontra diversi specialisti, ma nessuno di loro se la sente di prendersi cura del caso. Nel momento in cui Gaia pensa che la sua vita sia davvero finita, prima di arrendersi definitivamente, si reca da quello che viene definito il numero uno della liposuzione al mondo.
Questo straordinario chirurgo accetta di curarla, la informa che il percorso durerà due anni e sarà un susseguirsi

di interventi per cercare di recuperare quello che può essere recuperato. È anche molto chiaro nel dirle che parecchi danni sono irreparabili. Egli è consapevole di rappresentare per lei l'unica sorgente di luce visibile da un profondissimo baratro di paura e angoscia. Gaia decide di prepararsi a quello che la aspetta e, per prima cosa, cerca di arrivare agli interventi in perfetta salute. Mira al benessere, se non altro a quello fisico. È allora che riprende in mano la Zona, ma questa volta trova chi la guida, perché si accorge che il fai da te non basta.

I risultati sono straordinari. La ragazza capisce presto che se, prima di decidere di affrontare la liposuzione, avesse saputo utilizzare la Zona in maniera corretta e ne avesse sfruttato al massimo i benefici a livello di riduzione di massa grassa, forse non avrebbe mai fatto quell'intervento.

Il cammino è lungo e doloroso: cinque operazioni impegnative durate diverse ore, tanti giorni a pensare con angoscia all'accaduto e a cercare di dargli un senso. Le cose non avvengono mai per caso, ma Gaia ancora oggi si sta domandando: Perché? Forse un po' più di accettazione e di amore per se stessa avrebbero evitato il disastro. Il chirurgo diventa per Gaia un angelo custode, anche perché in realtà compie un vero miracolo, dimostrandosi, oltre che eccezionale a livello umano, un professionista davvero all'altezza della sua fama. In tutta questa brutta storia la ragazza si rende conto che il suo nuovo stile di vita alimentare le ha permesso di affrontare in ottime condizioni fisiche un periodo così traumatico per il suo corpo e per la sua mente, che poche persone sarebbero state in grado di affrontare.

Gaia esce dagli interventi sempre con grande energia, tanto che si assenta dal lavoro pochissimi giorni e decide di riprendere in mano la sua vita con coraggio e determinazione. Restano, certamente, e sono tremendi, i danni che mai nessun chirurgo potrà riparare, perché non esiste medico che sia in grado di aggiustare l'anima.

La Zona – ancora una volta – non è semplicemente un modo per dimagrire, e non la seguono solo quelli che hanno problemi di peso. La Zona può darci l'energia e la determinazione per affrontare momenti devastanti, come quelli che ha passato e ancora passa questa donna. Grazie alla mano magica del chirurgo e all'energia trovata nutrendosi bene, Gaia è stata in grado di rivedere un po' di sole nella sua vita.

## Le favole esistono

Clarissa è una bellissima ragazza che si rivolge a me perché vuole fare l'ennesimo tentativo per dimagrire. I suoi dati iniziali riportano il 36% di massa grassa: lei è serena e motivata, anche perché vive benissimo con se stessa e affronta la situazione con grande filosofia.

Iniziamo il cammino insieme nel mese di marzo, e subito ottiene risultati sbalorditivi, tanto che diventa la capostipite di una lunga serie di zoniste sue conoscenti e amiche, che mi affida perché io faccia per loro lo stesso "miracolo": in realtà sono le persone che fanno il miracolo del cambiamento, io insegno solo quale può essere la strada migliore.
La trasformazione che avviene in Clarissa stupisce anche lei: cambia forma e ogni giorno che passa diventa sempre più bella. A luglio è davvero irriconoscibile: le sue foto in costume destano non pochi commenti fra le persone che le vedono. Qualcuno prova persino a corrompermi per avere il suo numero di cellulare. A dicembre è arrivata al 16% di massa grassa: praticamente perfetta.
Le cose che mi hanno sempre colpita di questa ragazza sono la serena determinazione e la costanza con cui ha affrontato il cammino: ancora oggi (un anno e mezzo dopo), arriva nel mio studio con i suoi appunti per discutere le cose da chiarire e sistemare.
Pochi mesi fa lei e il suo compagno – dopo alcuni anni di convivenza – hanno deciso di sposarsi, ma nello stesso tempo Clarissa si è ritrovata di fronte a difficoltà di lavoro così serie che avrebbero messo in ginocchio chiunque. Lei, invece, ha reagito con calma, con equilibrio, con una capacità di adattamento davvero unica. Quello che ho sentito in questa donna sono la forza e la consapevolezza di avere ritrovato se stessa, e quindi niente avrebbe potuto fermarla. Clarissa ha proseguito il percorso, e la sua costanza ha creato non pochi grattacapi alle sarte che le stavano confezionando l'abito da sposa: le sue misure continuavano a cambiare e il suo corpo si stava compattando in maniera straordinaria. Quando ho ricevuto le fotografie del matrimonio non ho potuto trattenere un'esclamazione di stupore: sembrava la principessa di una favola, e quel vestito le stava d'incanto.

## La Zona oltre il dolore

La signora Bianca appartiene a un gruppo di persone che hanno accettato di partecipare a uno studio osservazionale, effettuato presso l'ospedale di Sondrio, per l'applicazione della strategia a Zona su soggetti cardiopatici e diabetici. Mi viene affidata la responsabilità del progetto, così comincio a conoscere chi ne farà parte. Si rivelerà un'esperienza determinante per la mia attività professionale. Cercare di "portare in Zona" un gruppo di persone, alcune delle quali non più giovanissime e ben ancorate alle proprie abitudini di vita, non è un'impresa facile. Devo fare ricorso a tutto il mio entusiasmo per convincerle ad abbandonare pizzoccheri e altro per entrare in Zona.
La grande sorpresa è scoprire che proprio i più anziani accettano di buon grado questa trasformazione e si impe-

gnano moltissimo perché sentono che stanno riacquistando quell'energia che sembrava essere stata cancellata dall'età. In quel momento mi convinco davvero che non esiste soggetto che non sia in grado di affrontare dei cambiamenti quando si sente meglio. Come al solito, è una questione di motivazione. Durante i controlli periodici, il gruppo procede bene e la signora Bianca ottiene risultati strepitosi grazie a un impegno costante e a un entusiasmo davvero contagioso. Lo studio è destinato a concludersi all'inizio di dicembre. Pochi giorni prima ricevo una telefonata dalla signora che, disperata e in lacrime, mi racconta che uno dei suoi figli è rimasto vittima di un terribile incidente stradale.
Resto sconvolta e impressionata dal fatto che Bianca – in un momento così – abbia pensato di avvertirmi personalmente: una donna davvero straordinaria e fuori del comune. Non so che cosa fare per lei, ma mi rendo conto che avrà bisogno di tanta forza, coraggio e lucidità: tutto quello che mi viene in mente è farle pervenire alcuni integratori bilanciati che le permettano di nutrirsi rapidamente. So che per lei è difficile pensare di mangiare, ma sono altrettanto certa che è necessario farlo, e in maniera corretta. Dopo alcune settimane chiede di incontrarmi. Questa donna, nonostante la tragedia indescrivibile e il dolore che prova, mantiene la dolcezza e l'equilibrio che tanto mi hanno colpita sin dall'inizio. Con un sorriso trovato chissà dove, mi ringrazia per il mio gesto e mi dice che, senza quel cambiamento di stile di vita, non ce l'avrebbe mai fatta a gestire con forza e determinazione una famiglia andata completamente in tilt per l'accaduto. Questo è uno dei momenti in cui ho capito quanto sia bella la mia professione. Sapere di avere contribuito, anche se solo in piccolissima parte, ad alleviare un dolore così forte per una persona così speciale rende unica anche la mia vita.

## Anche i sassi... entrano in Zona

Circa tre anni fa mi è stato affidato da un noto professionista un caso definito da conoscenti e amici come disperato. Quest'uomo cominciava ad avvicinarsi alla Zona, ed era evidente che quello costituiva una sorta di banco di prova sia per me sia per la Zona stessa.
Incontro Paolo, il "caso disperato", e lo trovo appesantito nell'aspetto e certamente attirato più dalla pasta, dai dolci e dal buon vino tipico della regione da cui proviene che dall'idea di nutrirsi di proteine, frutta e verdura. Preparo il programma per lui e lo vedo uscire dallo studio con un'espressione indecifrabile: ci sono uguali possibilità che butti nel primo cestino tutto quello che gli consegno o che applichi le regole della Zona in maniera esemplare. Nel pomeriggio ricevo la telefonata del professionista che mi aveva indirizzato il "caso disperato". Informandosi

su com'è andato l'incontro, mi dice una frase destinata a rimanere famosa nella mia storia professionale: "Guarda, se riesci a mettere in Zona Paolo, allora puoi mettere in Zona anche i sassi!" Non so se fosse una minaccia o un augurio. Passano i giorni e continuo a non avere notizie di Paolo, nonostante la sua azienda si trovi accanto al mio studio. L'idea di poter mettere in Zona anche i sassi non mi dispiace affatto, quindi sono preoccupata e curiosa di vedere che cosa sta succedendo.
Risultato: un mese dopo, l'uomo che si presenta nel mio studio per il controllo sembra il fratello minore di quello arrivato da me quattro settimane prima. Pare ringiovanito di dieci anni e ha riacquistato il fisico e l'energia di quarantenne, prima appannati dal suo stile alimentare un po' anarchico.
Il nostro "sasso" ha fatto uno splendido percorso in Zona, diventando uno dei miei testimonial preferiti: sono passati tre anni e conserva un aspetto magnifico. Nel frattempo, il suo entusiasmo ha portato metà della sua famiglia in Zona, mentre lui ha trovato il giusto equilibrio fra rigore e concessioni: una Zona di anarchia controllata. La Zona ha conquistato non solo la simpatia del sasso, ma anche il cuore del suo amico professionista.

## Ritrovare se stessi

Il primo impatto con Cinzia è un po' rocambolesco: ci inseguiamo per alcuni giorni al telefono senza mai riuscire a trovarci. Finalmente, entriamo in contatto e ci incontriamo.
Di fronte a me c'è una ragazza allegra e piena di energia, offuscata però nello sguardo da un'ombra, conseguenza dei troppi tentativi falliti di perdere peso: la Zona rappresenta l'ultima spiaggia.
Cinzia dimostra una determinazione incrollabile: ogni incontro è un confronto di opinioni, esperienze e domande sorte strada facendo. Cinzia avvia un cambiamento talmente profondo da colpirla anche psicologicamente. Per molti mesi mi chiede di non rivelarle né il peso né i parametri: decide di fidarsi solo dei vestiti. Dopo circa otto mesi di Zona e una trasformazione spettacolare, a uno degli ultimi controlli arriva preoccupata e spaventata. I suoi parametri sono ancora migliorati rispetto all'ultima volta, per cui rimango stupita dal suo stato d'animo. Dopo qualche esitazione Cinzia mi rivela che non riconosce più il suo corpo: lo tocca e non sente più ciò che sentiva prima. È tenerissima quando mi dice: "Non ricordavo più di avere delle ossa, tanto erano nascoste".
Per Cinzia sono stati giorni difficili, anche perché si è resa conto che il suo approccio al mondo è mutato, e questo significa anche un cambiamento del mondo nei suoi confronti. Per ognuno di noi anche la più positiva delle trasformazioni può creare uno stato di stress. Cinzia capisce che sta per entrare in una nuova dimensione emozionale e psicologica. Riguardo spesso le foto che la ritraggono prima e dopo la Zona: ha la stessa energia pro-

rompente e lo stesso sorriso contagioso, ma è sparita quell'ombra nello sguardo che tanto mi aveva colpita il primo giorno, lasciando spazio a un'espressione tipica di chi sa che la sua nuova vita ricomincia da qui.

### Il bronzo di Riace

Gianluca si presenta nel mio studio nell'estate 2005. È un ingegnere e nel tempo libero insegna spinning. Le sue giornate sono a dir poco intense: sveglia alle 3.45, un'ora circa di viaggio per raggiungere il cantiere, il lavoro e almeno tre ore dedicate allo studio (come se non bastasse, segue anche un master), poi passa dall'impegno cerebrale a quello fisico, che si traduce in genere in 60-90 minuti di corsa e due ore di spinning due volte la settimana. Gianluca ha anche una moglie e un bimbo piccolissimo: insomma, la sua vita è decisamente piena!
Quando si presenta nel mio studio, mi racconta che arriva da un'esperienza in Zona piuttosto deludente: infatti, nonostante questa mole di esercizio sportivo, la sua massa grassa è ancora del 18%. È evidente che qualcosa non funziona. Non si tratta di lavorare solo con una persona che svolge intensa e impegnativa attività fisica; capisco di avere a che fare con un professionista con grandi responsabilità: per lui la lucidità mentale è fondamentale. Inoltre, le sue giornate sono spaventosamente lunghe, direi interminabili. Per prima cosa controllo quanti blocchi sta utilizzando: 17, con l'obiettivo di dimagrire. Gianluca mi racconta che il protocollo seguito in precedenza aveva dato iniziali benefici, ma ben presto si era trovato in una situazione di crisi totale: crollo di energia, di concentrazione e una stanchezza che – per uno come lui e con una vita come la sua – si traduceva quasi in un'invalidità fisica.
Da 17 blocchi lo porto immediatamente a 22, vincendo il suo sguardo di stupore e diffidenza, e studio uno schema che possa seguire nonostante i suoi ritmi frenetici. Gianluca si ripresenta in studio alla fine dell'estate, dopo due mesi: è pieno di energia, ha un entusiasmo che si percepisce a pelle e un aspetto decisamente diverso. Arriva la prova del nove: misuriamo la massa grassa, che è scesa all'8%!
Risultato straordinario, ma la grande soddisfazione è stata ricevere puntualmente le sue mail con la richiesta di informazioni e chiarimenti, che mi davano il segnale che non solo seguiva alla lettera le indicazioni, ma ragionava anche sul meccanismo biochimico e viveva in maniera consapevole ciò che stava accadendo al suo corpo e alla sua mente. Ha ripreso i suoi ritmi alla grande, ha portato a termine il Master ed è stato capace di trasformare la diffidenza in entusiasmo. Oltre ad avere fatto pace con la Zona, Gianluca è ormai noto come "il bronzo di Riace".

## La donna carboidrato

Fabrizia è una ragazza molto bella, madre di un bambino piccolo. È mora, ha la pelle piuttosto scura e il suo corpo è davvero molto vicino alla perfezione. Si rivolge a me perché il suo stile di vita la sta portando alla disperazione: vive di tè solubile, quantitativi di pasta degni di un sollevatore di pesi e tanti, tantissimi dolci.
È tormentata da forti dolori allo stomaco, che le rendono la vita difficile. Fabrizia è un miracolo metabolico, perché il suo corpo sembra nutrito e curato in maniera maniacale. È una sfida interessante, anche perché ricordo come se fosse ieri la sua espressione nel momento in cui decidiamo insieme che si dovrà impegnare a rispettare l'astinenza dai carboidrati sfavorevoli.
Passato il primo mese, Fabrizia ritorna con un aspetto ancora migliore. Il suo è stato un caso spassosissimo, perché alla classica domanda: "Hai avuto fame?" sono abituata e viziata a sentirmi rispondere: "Mai". Fabrizia, invece, mi dice: "Da morire. La prima settimana avrei potuto addentare chiunque mi passasse vicino". La sua espressione è così intensa che mi sento mortificata. Se mi avesse chiamata, avremmo subito rimediato: si è trattato di una "crisi di astinenza" da carboidrati, ma è qualcosa che si sistema facilmente. Fabrizia aggiunge che, nonostante tutto, la sua determinazione è stata tale da impedirle di arrendersi. Passata la prima settimana, le cose sono andate meglio e i tremendi dolori allo stomaco erano già diventati un ricordo.
Sono trascorsi molti mesi da quando ho incontrato Fabrizia la prima volta, e recentemente è venuta a trovarmi. La Zona è entrata nella sua vita in maniera definitiva. Ha trovato un margine alle sue piccole trasgressioni, ma è entusiasta perché ha imparato a nutrirsi in maniera sana. Ha un unico cruccio: i tortellini della sua nonna emiliana. Sarebbe un colpo troppo duro rifiutare di mangiarli, per cui si lancia in una disquisizione filosofica sul fatto che sono... in Zona, perché ci sono i carboidrati, le proteine e anche i grassi! "Sì, in fondo i tortellini sono in Zona", conclude. Fabrizia, hai ragione: quando sai come giocare, sei libero di ampliare le regole del gioco. Così, mentre genitori e amici – abituati a vederla mangiare quantità industriali di cibo – la guardano come una miracolata, lei affronta i tortellini della nonna con animo più sereno.

## Una coppia in Zona

Dietro un grande uomo, spesso c'è una grande donna. È vero, accade anche in Zona!
Maurizia è una giovane donna molto bella, madre di due bambine. È un'ottima cuoca, e si avvicina alla Zona per-

ché incuriosita dal racconto di alcune persone che hanno provato questo metodo, certa che cambiare le sue abitudini alimentari un po' troppo "carboidratiche" potrà esserle d'aiuto. Inizia il suo percorso e ottiene immediatamentegrandi risultati.
Poco tempo dopo, nel mio studio arriva anche Davide, il marito, incoraggiato dal suo successo e dal suo entusiasmo. Come spesso succede, Maurizia ha fatto da cavia, sperando che anche il suo compagno si sarebbe convertito al nuovo regime alimentare.
Questo giovane uomo si presenta subito come un caso difficile: afferma di non essere in grado di sopravvivere senza la pasta, tanto che mi dice: "La pasta è nel mio DNA!"
Ignoro le sue rimostranze e procedo con la spiegazione del programma: l'espressione che assume nel momento in cui gli annuncio che dobbiamo eliminare completamente i carboidrati sfavorevoli è una delle più brutte e minacciose che io abbia mai visto. Faccio finta di niente e tento di fare leva sulla necessità di ottenere maggiore efficienza e lucidità per la sua professione: si occupa di finanza e i suoi ritmi di lavoro, lo stress e il suo impegno mentale sono notevolissimi.
Davide si rende conto di questa esigenza e inizia il suo percorso. Preoccupatissimo, ma lo inizia. Parallelamente, si affida a un personal trainer che lo segue dal punto di vista fisico. Nel giro di pochi mesi la sua massa grassa scende dal 23 al 15%, ma ciò che più sorprende è la sua assoluta capacità di sopravvivere senza la pasta. Davide si accorge che la sua energia sta aumentando tantissimo, che la lucidità nel lavoro gli rende la vita più semplice e che la sua figura si sta trasformando, restituendogli una magnifica forma. In breve tempo diventa un vero sostenitore della Zona e il frigo del suo ufficio si riempie di grana, pomodori e ananas. Spariscono patatine e salatini: passano dalla dispensa al cestino. Contemporaneamente, anche l'aspetto di Maurizia subisce una trasformazione radicale.
Passano tre anni: Davide è ancora strabiliato dal fatto di essere riuscito a cambiare le sue abitudini alimentari senza dover modificare il suo DNA, mentre Maurizia, più che la madre, sembra la sorella maggiore delle sue figlie. Per entrambi il tempo pare non essere passato.
Maurizia si diletta ancora tra i fornelli, ma ha imparato che in caso di "sbando carboidratico" sarà sufficiente rientrare immediatamente in Zona per ritrovare la forma e l'energia, senza strazianti digiuni.

## Ottantotto pizze in novanta giorni

Giovanni entra nel mio studio all'inizio dell'estate 2006. Si siede e mi racconta la sua storia e il motivo per il quale ha deciso di rivolgersi a me: "Ultimamente sono stato molto sotto stress a causa di un lavoro importantissimo e alla fine non mi sono sentito bene".

Lo ascolto, poi gli domando quale tipo di alimentazione stia seguendo.

Lui spalanca gli occhi e mi risponde: "In questo periodo ho un po' pasticciato, in novanta giorni ho mangiato circa ottantotto pizze". Tenendomi saldamente alla sedia per evitare di stramazzare al suolo, comincio a capire che c'è un gran lavoro da fare.

"Ah", dice Giovanni, "c'è solo una cosa senza la quale non posso vivere, la Coca-Cola."

Non solo c'è molto da fare, ma il caso è difficile. Giovanni si dimostra però incuriosito dal metodo della Zona, grazie alle informazioni che ha avuto da sua madre, "zonista" da diverso tempo. Raggiungiamo un accordo, contrattando omega-3 contro Coca-Cola. Spiegandogli quanto la Zona sia importante nella mia vita come fonte di efficienza e lucidità, elenco una serie di cose che riesco a fare senza stancarmi: lavorare fino a tardi, viaggiare in continuazione, andare in palestra, seguire corsi di aggiornamento e scrivere il mio libro. Scopro che Giovanni di professione fa il grafico: ha un curriculum impressionante e ha avuto l'opportunità di studiare e lavorare in Italia e all'estero con nomi davvero importanti. A questo punto, il suo sguardo si illumina e mi chiede se ho già un grafico per il mio libro. Mentre, desolata, rispondo di no, lui si offre di fare uno scambio: Zona contro progetto grafico.

L'entusiasmo nei confronti di questa nuova filosofia di vita è tale che Giovanni vuole in qualche modo contribuire alla sua diffusione.

Affare fatto.

Il progetto parte, l'avventura di Giovanni in Zona comincia e – in entrambi i casi – i risultati sono esaltanti. Dopo soli due mesi Giovanni è un'altra persona: contemporaneamente a lui, si uniscono al progetto del libro diverse persone, una più speciale dell'altra. Ancora una volta, la Zona ha contribuito a creare qualcosa di bello. Mentre scrivo, Giovanni sta inventando le soluzioni grafiche per questo libro, ignaro del fatto che vi leggerà la sua storia.

Le ottantotto pizze sono solo un ricordo lontano, la Coca-Cola è ancora un tormentone, ma nella sua vita è tornato il sole, e di conseguenza anche nella mia: far stare bene fa stare bene. Grazie, Giovanni!

### Mamme e bebè in Zona

Cristina è una delle mie zoniste più precise e fedeli. Quando l'ho incontrata, seguiva già la Zona, avendo letto qualcosa da sola. Il giorno in cui è venuta in studio abbiamo ripreso in mano la sua situazione, cercando di creare un nuovo protocollo fatto apposta per lei, che fra l'altro è anche una sportiva disciplinatissima. Cristina procede molto bene. Dopo diversi mesi mi chiama e mi comunica di essere in stato interessante. Rivalutiamo il protocollo, adattiamo il numero dei blocchi e aspettiamo che il tempo passi. Ovviamente, Cristina è in frenesia: è impaziente che sua figlia venga finalmente alla luce. Se non si fosse capito, è una donna molto attiva e piena di energia. Ed ecco che arriva Sara, bebè in Zona al 100%. È un portento: bella come una bambola, con un carattere simpaticissimo, una vera vocazione per tutto ciò che è elettronico (le mie calcolatrici dello studio ne sanno qualcosa) e sempre tanta, tanta fame. È sana come un pesce. Sara cresce davvero in Zona, ma la cosa straordinaria è che ricerca naturalmente cibi bilanciati. Una volta finito l'allattamento, ho ritarato un nuovo protocollo per Cristina: in un batter d'occhio la giovane mamma è in superforma: 19% di massa grassa, anche perché, avendo sempre seguito i principi della Zona anche durante la gravidanza, ha contenuto al massimo l'aumento ponderale.
Cristina viene diligentemente a trovarmi ogni mese con il ciclone Sara: è un piacere vedere una persona credere con così tanta forza in quello che sta facendo, ed è una gioia vedere la piccola che intrattiene tutto lo studio con la sua allegria.

### Lo chef entra in Zona

Emanuele è un famoso chef e, quando non è in giro per il mondo per congressi, convegni, dimostrazioni e catering, crea piatti meravigliosi nel suo ristorante.
Sembra una sfida davvero impegnativa, ma l'accetto con curiosità. Sono consapevole che non sarà semplice per lui applicare le regole della Zona, se non altro perché vive e lavora continuamente circondato da tentazioni alimentari di ogni genere. Inizia il protocollo con la moglie, e nel giro di poco tempo torna da me con risultati strabilianti. È felicissimo di avere perso così rapidamente (e senza avvertire la fame!) la massa grassa in eccesso ma, cosa ancora più importante, capisce quanto si possa stare bene anche solo seguendo alcune semplici regole. La sua energia aumenta, tanto che ricomincia a correre per mantenersi attivo, e i suoi ritmi professionali diventano ancora più intensi senza portarlo allo sfinimento. Un giorno, parlando al telefono, mi racconta di avere incontrato

delle persone che si sono dimostrate scettiche nei confronti della Zona, intesa anche come stile di vita. Mi dice: "Ho cercato di spiegare loro che la Zona ti fa rinascere, che ti sembra di andare a mille, che ti fa sentire un leone, ma mi sono reso conto che non c'erano proprio".
Emanuele conclude: "Sai, Daniela, quelli che non vivono in Zona non possono capire".
Scoppio in una fragorosa risata, perché sembra che stiamo parlando di abitanti di un altro pianeta... e in realtà è un po' così. Noi zonisti creiamo tra noi un'energia davvero speciale, spesso incomprensibile per chi ci circonda.
In ogni caso, la Zona ha conquistato un nuovo sostenitore, e dei più difficili, almeno sulla carta. Emanuele utilizza questo metodo adattandolo alle possibilità che la sua professione gli concede: a volte in modo fedelissimo, a volte più permissivo. Quel che è certo è che, avendo seguito un protocollo iniziale molto preciso, distingue chiaramente i segnali che il suo corpo gli dà per avvertirlo che il limite è stato oltrepassato ed è ora di rimettere equilibrio nell'alimentazione.

### Alina... e le altre

Alina è una ragazza che si rivolge a me per eliminare un po' di massa grassa in eccesso, ma soprattutto per coinvolgere sua madre Franca in un cambiamento di stile di vita rispetto a quello seguito fino ad allora, divenuto inadatto al suo stato di salute non proprio ottimale. Alina appare piena di energia, determinata ed entusiasta, mentre la madre è più perplessa, soprattutto all'idea di dover affrontare un po' di cambiamenti.
Dopo un mese, la rivelazione: entrambe si presentano, trionfanti, con risultati sbalorditivi. La figlia è in grandissima forma, la madre sembra ringiovanita di dieci anni. Hanno una sequela di domande da farmi, ormai stregate dall'effetto Zona. Da quattro anni Alina ha un grande desiderio, avere un secondo figlio, ma finora non c'è riuscita. Qualche mese dopo, il sogno si realizza: è in arrivo Valentina. La gravidanza e il parto sono tranquilli.
Sono passati alcuni anni dal primo incontro: Alina è la capostipite di una serie di persone arrivate da me per entrare in Zona e il cui percorso zonista non si è mai interrotto. Sua figlia sta bene, ha un carattere solare e allegro e sprizza simpatia da tutti i pori.
La più birichina è la signora Franca: ogni tanto scivola su qualche dolce o un po' di formaggio e polenta, che evidentemente sono il suo debole. Ma lo sgarro dura poco: Alina la porta in studio a farsi controllare perché io raddrizzi la rotta. Onde evitare trasgressioni eccessive, Alina e io abbiamo escogitato un sistema: controlli a sorpresa, senza avvertirla! A dire il vero, l'aspetto e l'energia della signora Franca sono talmente cambiati che mi riesce difficile non chiudere un occhio.

## Nutrirsi e ritrovare il sorriso

Elena arriva da me accompagnata dalla madre, preoccupata per il suo difficile rapporto con il cibo. È molto giovane, veramente bella, è una grande sportiva ed è terrorizzata dall'idea di ingrassare. Pratica tantissima attività fisica, per passione ma anche nel tentativo di annullare l'effetto del cibo sulla sua linea: i risultati sono una fame perenne, molta fatica e un tormento senza fine.

Teme che io possa o voglia farla ingrassare, o che la giudichi male. Niente di tutto ciò: Elena ancora non sa quanta sia la mia voglia di aiutare le persone. Mi rendo conto che devo stare attentissima: Elena non dovrà mai avere la sensazione di mangiare troppo, pena l'abbandono del protocollo. Raggiungiamo un accordo sul da farsi e la sua avventura in Zona comincia. Passa l'estate, poi Elena viene al primo controllo, a dir poco raggiante. Ha davvero fatto pace con il cibo, affronta lo sport con l'atteggiamento di chi ama una disciplina e non la usa solo come mezzo per distruggere le calorie e, cosa incredibile, mi chiede di poter assumere una quantità maggiore di blocchi perché sente di averne la necessità.

È una gioia immensa, una grande vittoria: un'altra persona ha smesso di soffrire per il suo rapporto con il cibo. Elena è così felice ed entusiasta che mi dice: "Se serve una testimonianza di quanto sia straordinaria la Zona, io sono pronta a darla".

Non me lo sono fatta dire due volte!

# Le RICETTE

*a cura di Daniela Morandi*

Daniela Morandi ZONA

# Introduzione

*Sembrava una scommessa, o forse un sogno irrealizzabile: mettermi allo stesso tavolo con un grande chef come Emanuele Scarello per vedere che cosa succede...*
*Da una parte il grande amore per la magia delle moderne tecniche della cucina molecolare, dall'altra la convinzione che cibo e benessere siano le due facce della stessa medaglia; ma alla fine un'unica comune grande passione: quella della cucina di alto livello, così bella da sembrare un'opera d'arte, così speciale da creare grande emozione.*

Per rispettare le regole della Zona, è fondamentale mangiare tutto ciò che viene indicato nelle diverse ricette, senza tralasciare nulla. Le preparazioni possono essere frazionate in diversi blocchi. Una ricetta da 12 blocchi può diventare una ricetta da 4 blocchi per 3 persone oppure da 3 blocchi per 4 persone o ancora da 1 blocco per essere utilizzato in momenti diversi (soprattutto nel caso di spuntini dolci).

•PESI: in genere i pesi degli alimenti sono indicati in grammi, tuttavia – per rendere le cose più semplici –, laddove è stato possibile è stato indicato il numero di pezzi.

•BLOCCHI: il concetto è importantissimo, ma a volte dobbiamo essere in grado di andare oltre. Mangiare in maniera bilanciata facendo attenzione alla proporzione tra i macronutrienti, senza il rigoroso rispetto del numero dei blocchi, non ci darà un bilanciamento 40/30/30 perfetto, ma ci garantisce comunque una risposta ormonale corretta.

È in questa ottica che vanno concepite cene e occasioni speciali. Quando la Zona diventa un'abitudine di vita, non è l'eccezione che ci porta fuori strada.

•ALIMENTI COMPLETI: latte, yogurt bianco normale e latticello sono sostituibili con latte di soia bilanciato, frollini bilanciati e cracker bilanciati (Enerzona). Tutti questi alimenti valgono un intero blocco.

•ALIMENTI NEUTRI: alcuni alimenti non sono stati conteggiati poiché ritenuti ininfluenti dal punto di vista della risposta ormonale. Il succo di limone – per esempio – è stato quantificato solo nei casi in cui la quantità era davvero notevole. In generale è sempre possibile aggiungere dell'insalata alle pietanze senza la necessità di calcolarla.

## ALTERNATIVE UTILI

*Latticello:* è stato indicato come alternativa a latte e yogurt. Il latticello è un alimento simile allo yogurt (il sapore è acidulo per cui è meglio dolcificarlo), privo però di caseina e di grassi. 200 g di alimento danno un blocco quasi completo: è solo necessario aggiungere ½ miniblocco di grassi. È facilmente reperibile nei negozi di alimenti biologici.

*Frutta surgelata:* l'utilizzo della frutta surgelata (in genere frutti di bosco, mirtilli, lamponi e fragole) è una soluzione rapida ed economica per avere varietà nella scelta della frutta stessa. La resa migliore della frutta surgelata è sotto forma di frullato. In ogni caso è sempre meglio lasciarla scongelare in frigo per alcune ore, oppure utilizzando l'apposito programma nel microonde. Qualora la si volesse utilizzare intera servitela tiepida con un po' di succo di limone e dolcificante.

*Composte di frutta:* esistono in commercio diversi tipi di composte prive di zuccheri aggiunti. Possono rappresentare una soluzione di emergenza qualora si sia assolutamente sprovvisti di frutta. Verificare sempre l'etichetta nutrizionale per assicurarsi che la frutta sia effettivamente priva di zucchero aggiunto. Le più comuni in commercio equivalgono a 2 miniblocchi di carboidrati per 100 g di composta.

*Proteine in polvere*: possono sostituire le proteine "tradizionali"; possono essere estratte dal siero del latte o dalla soia (Enerzona), possono essere aromatizzate o neutre. Dato l'attuale elevato livello di tecnologia alimentare raggiunta, le proteine in polvere sono pure e – utilizzate in maniera corretta – non creano alcun tipo di problema. Sono uno strumento straordinario per rendere possibile il bilanciamento dei carboidrati in ogni situazione, ma soprattutto nelle preparazioni dolci, dando così la possibilità di creare diversi dessert bilanciati.

*Dolcificante*: per non penalizzare la quantità dei carboidrati a disposizione, l'uso del fruttosio è stato a volte sostituito con l'uso del dolcificante. Vale sempre la regola della moderazione.

•**OLIO**: per quanto riguarda la scelta del condimento si raccomanda l'utilizzo dell'olio extravergine di oliva.

•**FORMAGGI**: nelle ricette a base di formaggi, si sono normalmente aggiunti anche i grassi sotto forma di olio di oliva. La scelta è stata fatta per non penalizzare l'uso della verdura, tenendo anche presente che è sempre meglio variare la scelta degli alimenti per impedire un uso eccessivo di qualche macronutriente. Così facendo l'utilizzo dei formaggi e dell'olio nello stesso pasto sarà diradato nel tempo.

•**DOLCI**: dolci, spuntini dolci e colazioni dolci sono assolutamente interscambiabili tra loro, tanto che potrebbero costituire un'unica categoria. È ovvio che la differenza sarà costituita dal numero di blocchi che si possono utilizzare nel pasto in questione.

•**ERBE AROMATICHE**: si intendono tali il rosmarino, la salvia, il timo, la maggiorana e simili.

•**CARBOIDRATI**: sono stati volutamente utilizzati solo ed esclusivamente carboidrati favorevoli, nell'intento di dimostrare che anche una Zona rigorosa permette di nutrirsi in maniera piacevole e gratificante. Uniche eccezioni: l'uso di frutta a indice glicemico più alto della norma e alcuni grammi di farina di avena. Ricordiamoci che l'utilizzo dei carboidrati sfavorevoli deve essere limitato e "tarato" sulle necessità individuali della persona. La scelta della frutta è stata volontariamente fatta nell'ambito dei frutti reperibili in qualsiasi stagione e non eccessivamente dispendiosi. È chiaro che ciò che è stato utilizzato può sempre essere sostituito da frutta o verdura diversi purché equivalenti all'originale come numero di blocchi. Ricordiamo inoltre che un piatto di minestra di verdura può sempre sostituire un miniblocco di carboidrati. In alcune ricette tutto l'apporto di carboidrati è costituito da frutta: è una scelta dettata dalla praticità e dalla mancanza di tempo. La possibilità di farlo con frequenza dipende anche dalla risposta glicemica individuale.

•**BRODO VEGETALE**: è stato spesso indicato come alternativa a un uso eccessivo di grassi o come vero ingrediente di una ricetta. Oltre alle preparazioni in commercio, è possibile e semplice prepararlo in casa.

RICETTA DEL BRODO VEGETALE:

| | |
|---|---|
| 2 litri di acqua | 3 gambi di sedano |
| 1 foglia di alloro | 1 mazzetto di prezzemolo |
| 1 porro | 2 carote |
| 2 cipolle | sale |

Far bollire le verdure per circa un'ora. Filtrare eliminando le verdure. Conservare in frigo per alcuni giorni, oppure congelare dividendolo in piccole porzioni.

•**VERDURE**: sono davvero le protagoniste dell'alimentazione Zona e la cosa migliore da fare – sia dal punto di vista nutrizionale che economico–, è quella di rispettare la loro stagionalità. Questa è una buona abitudine che spesso dimentichiamo a causa della perenne disponibilità dei diversi tipi di frutta e di verdura durante tutto l'anno. Alle pagine 58-59 trovate una tabella che indica i momenti di massima reperibilità delle diverse verdure.

| | Gen | Feb | Mar | Apr | Mag | Giu | Lug | Ago | Sett | Ott | Nov | Dic |
|---|---|---|---|---|---|---|---|---|---|---|---|---|
| Asparagi | | | | X | X | X | | | | | | |
| Broccoletti | | | | | | | | X | X | X | | |
| Carciofi | X | X | | | | | | | | | | |
| Carote | X | X | X | | | | | X | X | X | X | X |
| Cavolfiore | | | X | X | | | X | X | X | X | | |
| Cavolo bianco | X | X | X | | | | X | X | X | X | X | X |
| Cavolo cinese | X | X | X | | | | X | X | X | X | X | X |
| Cavolo riccio | X | X | X | X | | | | | | X | X | X |
| Cavolo rosso | X | X | X | | | | X | X | X | X | X | X |
| Cetrioli | | | | | | X | X | X | X | X | X | |
| Cipolle | X | X | X | X | X | | | X | X | X | X | X |
| Fagiolini | | | | | | | X | X | X | | | |
| Fave | | | | | | X | X | | | | | |
| Finocchi | | | | | | | X | X | X | X | | |
| Indivia belga | X | X | | | | | | | | | X | X |

| | Gen | Feb | Mar | Apr | Mag | Giu | Lug | Ago | Sett | Ott | Nov | Dic |
|---|---|---|---|---|---|---|---|---|---|---|---|---|
| Mais | | | | | | | | X | X | X | | |
| Melanzane | | | | | X | X | X | X | | | | |
| Piselli | | | | | X | X | X | | | | | |
| Pomodori | | | | | | | X | X | X | | | |
| Porri | | | | | | | | X | X | X | X | X |
| Rabarbaro | | | | X | X | | | | | | | |
| Radicchio | | | | | | | | X | X | X | | |
| Rape rosse | X | X | | | | | | | | X | X | X |
| Ravanelli | | | | | X | X | X | | | | | |
| Sedano | X | X | X | | | | | | | X | X | X |
| Sedano Rapa | | | | | | X | X | | | | | |
| Spinaci | | | X | X | X | | | | X | X | | |
| Verza | X | X | X | | | | X | X | X | X | X | X |
| Zucca | | | | | | | | X | X | X | | |
| Zucchine | | | | | | X | X | X | | | | |

# *Le* COLAZIONI DOLCI & SALATE

# LE COLAZIONI DOLCI & SALATE

*Le colazioni in Zona devono comprendere sempre un apporto proteico, esattamente come gli altri pasti: questo a volte può creare delle resistenze psicologiche poiché la tradizione italiana prevede di norma colazioni a base di carboidrati piuttosto che a base di proteine. Ci sono comunque diverse soluzioni.*
*Sicuramente le nuove tecnologie alimentari rendono le cose più semplici dal momento che in commercio esistono prodotti già «bilanciati» che permettono di avere delle alternative alle classiche soluzioni già utilizzate. Nei seguenti capitoli ne vedremo alcune.*
*L'uso di prodotti bilanciati quali i cracker, offre la possibilità di sostituire il pane della colazione consentendo di aggiungere della frutta per completare l'apporto di carboidrati.*
*Un altro grande aiuto può essere dato dall'utilizzo di frutti di bosco surgelati: la qualità è generalmente buona e il costo contenuto.*
*Un elettrodomestico che può diventare davvero utile è un frullatore a bicchiere con lame tritaghiaccio.*

Dolce

# LATTE E FRUTTI DI BOSCO

(3 BLOCCHI)

*Frullare il tutto in un frullatore a bicchiere per ottenere un composto soffice. Qualora dovesse risultare eccessivamente denso, si può diluire con poca acqua gassata.*

| | |
|---|---|
| 200 g di latte parz. scremato | 1 P+1 C+1 G |
| 14 g di proteine in polvere Whey 90 | 2 P |
| 300 g di frutti di bosco surgelati | 2 C |
| 6 g di pinoli | 2 G |

### *(3 BLOCCHI)*

### *MOUSSE DI RICOTTA E MARMELLATA* dolce

| | |
|---|---|
| 160 g di ricotta | 2 P |
| 7 g di proteine in polvere Whey 90 (da mescolare con la ricotta) | 1 P |
| 30 g di marmellata senza zucchero | 2 C |
| 100 g di kiwi | 1 C |
| 3 noci | 3 G |

Mescolare la ricotta con le proteine in polvere e la marmellata. Unire al composto il kiwi tagliato a piccoli pezzi e le noci.

---

### *(3 BLOCCHI)*

### *FRULLATO DI FRUTTA E LATTICELLO* dolce

| | |
|---|---|
| 200 g di latticello | 1 P+1 C+½ G |
| 14 g di proteine in polvere Whey 90 | 2 P |
| 175 g di mirtilli | 1 C |
| 170 g di fragole | 1 C |
| 7,5 g di pinoli | 2 e ½ G |

Mettere in un frullatore tutti gli ingredienti, frullando fino a ottenere un composto omogeneo.

## COLAZIONE SALATA CON MOZZARELLA E ANANAS

salata

*(3 BLOCCHI)*

| | |
|---|---|
| 25 g di cracker bilanciati | 1 P+1 C+1 G |
| 70 g di mozzarella | 2 P |
| 180 g di ananas | 2 C |
| 20 g di olive verdi | 2 G |

## COLAZIONE SALATA CON LATTICELLO

salata

*(3 BLOCCHI)*

| | |
|---|---|
| 200 g di latticello | 1 P+1 C+½ G |
| 30 g di prosciutto cotto | 1 P |
| 30 g di sottiletta light | 1 P |
| 40 g di pane integrale | 2 C |
| 7,5 g di pinoli | 2 e ½ G |

# COLAZIONE SALATA CON CRACKER BILANCIATI

(3 BLOCCHI)

| | |
|---|---|
| 25 g di cracker bilanciati | 1 P+1 C+1 G |
| 50 g di prosciutto crudo | 2 P |
| 170 g di fragole | 1 C |
| 100 g di kiwi | 1 C |
| 2 noci | 2 G |

SALATA

# COLAZIONE SALATA CON UOVO E UVA

(3 BLOCCHI)

| | |
|---|---|
| 25 g di cracker bilanciati | 1 P+1 C+1 G |
| 1 uovo sodo | 1 P |
| 25 g di speck | 1 P |
| 120 g di uva | 2 C |
| 6 mandorle | 2 G |

SALATA

# COLAZIONE SALATA CON PERA E FORMAGGIO

(3 BLOCCHI)

| | |
|---|---|
| 25 g di cracker bilanciati | 1 P+1 C+1 G |
| 140 g di formaggio spalmabile light | 2 P |
| 200 g di pera | 2 C |
| 2 noci | 2 G |

## *COLAZIONE SALATA CON FRITTATA, FRUTTA E NOCI*

salata

***(4 BLOCCHI)***

| | |
|---|---|
| 1 uovo intero | 1 P |
| 4 albumi | 2 P |
| 100 g di kiwi | 1 C |
| 200 g di pera | 2 C |
| 3 noci | 3 G |

Il quarto blocco può essere completato da 25 g di cracker bilanciati, che valgono per un intero blocco.
Aggiungere un po' di sale.

---

## *COLAZIONE SALATA CON YOGURT*

salata

***(4 BLOCCHI)***

| | |
|---|---|
| 200 g di yogurt bianco | 1 P+1 C+1 G |
| 90 g di prosciutto cotto | 3 P |
| 40 g di pane integrale | 2 C |
| 90 g di ananas | 1 C |
| 9 mandorle | 3 G |

---

## *COLAZIONE SALATA CON PROSCIUTTO COTTO E UVA*

salata

***(3 BLOCCHI )***

| | |
|---|---|
| 90 g di prosciutto cotto | 3 P |
| 180 g di uva | 3 C |
| 3 noci | 3 G |

# LE COLAZIONI CONTINENTALI DOLCI & SALATE

*In questa sezione propongo delle ricette tipiche della cucina internazionale, non troppo lontane dalle nostre abitudini.*

*Tutte queste ricette, così come quelle delle colazioni salate, possono essere utilizzate anche come spuntini consumandone il numero di blocchi adeguato. Inoltre quelle dolci possono essere utilizzate anche come dessert.*

*Questo permette di ottimizzare i tempi preparando in un'unica volta cibi che possono essere consumati in più modi e più volte.*

DOLCE

# PERE CON CREMA ALLA VANIGLIA

**(6 BLOCCHI)**

| | |
|---|---|
| 400 g di yogurt bianco | 2 P+2 C+2 G |
| 28 g di proteine in polvere Whey 90 | 4 P |
| ½ cucchiaino di cannella | |
| estratto di vaniglia | |
| dolcificante | |
| 400 g di pere | 4 C |
| 4 noci | 4 G |

*Preparare il composto la sera prima dell'utilizzo. Mescolare in una ciotola lo yogurt, le noci a pezzetti, le proteine in polvere, la cannella, la vaniglia e l'eventuale dolcificante. Coprire, mettere in frigo e lasciare riposare tutta la notte. Al momento dell'utilizzo, tagliare le pere a cubetti, dividerle in due parti e mescolarle alla crema, divisa a sua volta in due ciotole.*

DOLCE

# FRUTTI DI BOSCO CON CREMA DI SEMI DI PAPAVERO E LIMONE

(6 BLOCCHI)

*La preparazione di questa ricetta deve essere fatta la sera precedente all'utilizzo. Togliere dal congelatore i frutti di bosco e lasciarli scongelare in frigorifero. In una ciotola non metallica con coperchio mescolare lo yogurt, le proteine in polvere, i semi di papavero, il fruttosio, la vaniglia, la buccia e il succo del limone. Riporre in frigo e lasciare riposare tutta la notte. Al momento dell'utilizzo, dividere in due ciotole i frutti di bosco (è possibile anche scaldarli leggermente nel forno a microonde), e versarvi sopra la crema aggiungendo i pinoli.*

| | |
|---|---|
| 450 g di frutti di bosco misti surgelati | 3 C |
| 10 g di fruttosio | 1 C |
| 400 g di yogurt bianco | 2 P+2 C+2 G |
| 28 g di proteine in polvere Whey 90 | 4 P |
| 12 g di pinoli tostati | 4 G |
| 1 cucchiaio raso di semi di papavero | |
| estratto di vaniglia | |
| ½ cucchiaio di buccia di limone grattugiata | |
| 2 cucchiaini di succo di limone fresco | |

DOLCE

# MUFFIN AL PROFUMO DI CANNELLA

(16 BLOCCHI)

*Ingredienti «secchi»*

| | |
|---|---|
| 120 g di farina di avena | 8 C |
| 84 g di proteina in polvere | 12 P |
| 1 cucchiaio di polvere lievitante | |
| 2 cucchiaini e ½ di cannella | |

*Ingredienti «umidi»*

| | |
|---|---|
| 4 uova | 4 P |
| 200 g di composta di mele senza zucchero (tipo Melinda Mousse) | 4 C |
| 5 cucchiai e 1 cucchiaino di olio di semi | 16 G |
| 40 g di fruttosio | 4 C |
| estratto di vaniglia | |
| 1 cucchiaio di buccia di arancia grattugiata | |

*Riscaldare il forno a 180°C. Ungere la teglia per i muffin con un velo di olio. Passare al setaccio tutti gli ingredienti secchi e metterli da parte dopo averli mescolati insieme. Versare tutti gli ingredienti umidi in un frullatore. Coprire e frullare fino a ottenere un composto molto soffice. Aggiungere i componenti umidi a quelli secchi, mescolare fino a quando il composto diventa uniforme. Non mescolare eccessivamente poiché si rovinerebbero i muffin .*

*Riempire le 16 formine della teglia da muffin con il composto e cuocere fino a quando la parte superiore dei muffin risulti dorata e compatta. La cottura sarà completata quando, infilando uno stuzzicadenti al centro del muffin, ne uscirà pulito (circa 20-25 minuti). Sfornare, lasciare raffreddare e togliere i muffin dagli stampini. Conservare in frigo (fino a una settimana), o congelare. Qualora dovessero restare delle formine vuote nella teglia, riempirle con un po' d'acqua per evitare che si deformino.*

## MUESLI IN ZONA

*(16 BLOCCHI)* dolce

| | |
|---|---|
| 70 g di avena | 7 C |
| 12 mandorle tagliate a pezzi | 4 G |
| 4 noci tagliate a pezzi | 4 G |
| 12 nocciole tagliate a pezzi | 4 G |
| 12 g di pinoli tostati | 4 G |
| 30 g di uvetta sultanina | 3 C |
| 30 g di albicocche secche | 2 C |
| 84 g di proteine in polvere | 12 P |
| 800 g di yogurt magro | 4 P+4 C |
| 1 cucchiaino di cannella | |

In una padella di medie dimensioni mettere a tostare l'avena e tutti i frutti oleosi per alcuni minuti (3-5).
Mettere in una ciotola l'avena, i frutti oleosi, l'uvetta, le albicocche tagliate a pezzi, la cannella, le proteine in polvere e aggiungere lo yogurt.
Lasciare riposare in frigo per una notte.
Al momento dell'utilizzo, dividere il composto a seconda della necessità. Qualora fosse necessario, aggiungere un po' di dolcificante.

---

## FRITTATA ALL'ANANAS

*(4 BLOCCHI)* salata

| | |
|---|---|
| 2 uova | 2 P |
| 4 albumi | 2 P |
| 360 g di ananas | 4 C |
| 1 cucchiaio e 1 cucchiaino di olio | 4 G |
| sale | |
| pepe | |

Sbattere le uova con il sale e il pepe.
Tagliare le fette di ananas in modo da ottenere delle piccole listelle.
Unire l'ananas e le uova e metterle nella padella precedentemente unta con metà dell'olio.
Cuocere a fuoco basso, girare la frittata e aggiungere l'olio rimasto.
Continuare la cottura fino a quando la frittata sarà ben dorata.

## UOVA STRAPAZZATE E CREMA DI FRUTTI DI BOSCO

**(9 BLOCCHI)** salata

| | |
|---|---|
| 3 uova intere | 3 P |
| 4 albumi | 2 P |
| 2 cucchiai e 1 cucchiaino di olio | 7 G |
| 1 bicchiere di acqua minerale | |
| 400 g di yogurt | 2 P+2 C+2 G |
| 14 g di proteina in polvere Whey 90 | 2 P |
| 600 g di frutti di bosco misti surgelati | 4 C |
| 30 g di fruttosio | 3 C |
| ½ cucchiaino di cannella | |
| estratto di vaniglia | |
| sale | |
| pepe | |

Mescolare i frutti di bosco scongelati, le proteine, lo yogurt, il fruttosio, la cannella e la vaniglia in un frullatore e frullare fino a quando si ottiene una crema soffice e omogenea. Dividerla in 3 ciotole.
Mettere in un frullatore le uova, gli albumi, il bicchiere di acqua minerale, il sale e il pepe e frullare fino ad ottenere un composto omogeneo.
Scaldare l'olio in una padella, senza lasciare che inizi a fumare.
Rovesciare nella padella il composto con le uova e abbassare il fuoco.
Non appena le uova iniziano a rapprendersi, spostare con una spatola la parte cotta lasciando che quella liquida venga a contatto con il fondo della padella. Continuare a mescolare con movimenti circolari fino a quando il composto risulterà completamente cotto ma ancora soffice. Non lasciare che le uova diventino secche.
Dividere il tutto in tre parti.
Le uova e la crema possono costituire 3 colazioni da 3 blocchi ciascuna.

SALATA

# COLAZIONE CON TORTA SALATA E INSALATA DI FRUTTA

(12 BLOCCHI)

*Riscaldare il forno a 180°C. Cospargere sul fondo di una teglia da forno il cucchiaio di olio, 150 g circa di cubetti di pomodoro, 30 g circa di cipolla, tutta la mozzarella e le olive. Mettere tutti gli ingredienti rimanenti in un frullatore, frullando fino a ottenere un composto soffice e omogeneo. Versare il mix nella teglia e cuocere per circa 25-30 minuti, fino a quando il composto si sarà gonfiato e dorato. Tagliare la frutta in piccoli pezzi, aggiungere il succo di limone e il dolcificante.*

| | |
|---|---|
| 450 g di pomodori pelati tagliati a cubetti | 1 e ½ C |
| 80 g di cipolla tagliata a pezzetti piccoli | ½ C |
| 175 g di mozzarella light | 5 P |
| 27 olive snocciolate e tagliate a piccoli pezzi | 9 G |
| 1 cucchiaio di olio | 3 G |
| 4 uova grandi | 4 P |
| 6 albumi | 3 P |
| 1 cucchiaino di erbe aromatiche | |
| poco pepe nero | |
| sale | |
| 200 g di pera | 2 C |
| 180 g di uva | 3 C |
| 200 g di kiwi | 2 C |
| 270 g di ananas | 3 C |
| succo di limone | |
| dolcificante | |

*La torta salata ottenuta e l'insalata di frutta possono essere divise in 4 parti da 3 blocchi ciascuna oppure in 3 parti da 4 blocchi. N.B. Nel caso si volesse evitare il formaggio, sostituirlo con 150 g di prosciutto cotto.*

# Gli Spuntini

Dolci & Salati

# GLI SPUNTINI DOLCI & SALATI

*Gli spuntini, dolci o salati che siano, vengono spesso consumati fuori casa, e questo costituisce sicuramente un limite nella possibilità di scelta.*
*Per tutte le volte in cui ci sarà possibile utilizzare cibo di vario genere (a casa o nei week end quando abbiamo un po' più di tempo a disposizione), di seguito vediamo una serie di soluzioni dolci e salate da poter preparare in un'unica volta e che possono essere utilizzate in tempi diversi.*

# CREMA ALLA MELA E PAPAVERO

(4 BLOCCHI)

Dolce

| | |
|---|---|
| 200 ml di latte | 1 P+1 C+1 G |
| 240 g di ricotta | 3 P |
| 150 g di composta di mela senza zucchero (tipo Melinda Mousse) | 3 C |
| 9 mandorle tostate | 3 G |
| 20 g di semi di papavero | |
| un po' di vaniglia in polvere | |
| succo di limone | |

*Portare a ebollizione il latte con i semi di papavero e la vaniglia in polvere continuando la cottura e mescolando finché il composto comincia a condensarsi (circa 5 minuti).*
*Far raffreddare.*
*Unire la ricotta con la composta di mele, le mandorle tostate e sbriciolate e il succo di limone.*
*Aggiungere il latte alla crema di ricotta e riporre in frigo.*

# CREMA AL LIMONE

(4 BLOCCHI)

| | |
|---|---|
| 160 g di ricotta | 2 P |
| 2 albumi | 1 P |
| 200 ml di latte | 1 P+1 C+1 G |
| 420 g di lamponi | 3 C |
| 3 noci | 3 G |
| 3 fogli di colla di pesce | |
| 2 limoni | |
| dolcificante | |

Dolce

*Mettere in acqua fredda la colla di pesce lasciandola ammorbidire.*
*Lavorare la ricotta con il latte unendo il succo di limone, la buccia grattugiata, le noci triturate e il dolcificante.*
*Prendere la colla di pesce ammorbidita, scioglierla in 1 cucchiaio di acqua calda unendola poi alla ricotta.*
*Mescolare bene e riporre in frigo per far leggermente solidificare il composto. Mescolare ancora.*
*Montare a neve gli albumi e incorporarli alla crema di limone.*
*Riporre tutto in frigo.*
*Frullare i lamponi, setacciarli e servirli assieme alla crema.*

## CREMA DI PESCHE SEMPLICE

**(4 BLOCCHI)**

| | |
|---|---|
| 160 g di ricotta | 2 P |
| 14 g di proteine in polvere Whey 90 | 2 P |
| 600 g di pesche | 4 C |
| 12 nocciole tostate e macinate | 4 G |
| 1 foglio di colla di pesce | |
| succo di 1 limone | |

Frullare la polpa delle pesche.
Lavorare la ricotta con il succo di limone e le proteine in polvere fino a ottenere un composto omogeneo al quale poi unire le pesche e le nocciole.
Sciogliere la colla di pesce in un cucchiaio di acqua calda e unirla alla crema.
Riporre in frigo mescolando di tanto in tanto.

## MOUSSE DI ANANAS E YOGURT

**(4 BLOCCHI)**

| | |
|---|---|
| 200 g di yogurt bianco | 1 P+1 C+1 G |
| 21 g di proteine in polvere Whey 90 | 3 P |
| 270 g di ananas | 3 C |
| 9 mandorle | 3 G |
| alcune gocce di vaniglia | |
| dolcificante | |

Frullare tutti i componenti insieme aggiungendo un po' di acqua minerale gassata qualora la mousse dovesse risultare troppo densa.
Riporre in frigo per 30 minuti.

## GHIACCIOLI ALLE PESCHE E FRAGOLE

**(4 BLOCCHI)**

| | |
|---|---|
| 28 g di proteine in polvere | 4 P |
| 300 g di pesche | 2 C |
| 340 g di fragole | 2 C |
| 4 noci tritate | 4 G |
| ½ cucchiaino di cannella | |
| un po' di vaniglia | |
| dolcificante | |

Frullare tutti i componenti. Dividere in 4 stampini da ghiacciolo. Dopo che il composto ha iniziato a solidificarsi, inserire in ciascuno stampino un bastoncino di legno.
Lasciar solidificare per alcune ore.

## NUVOLE DI LATTE

**(1 BLOCCO)**

| | |
|---|---|
| 200 ml di latte scremato | 1 P+1 C |
| 2,5 g di polvere di nocciole | 1 G |
| alcune gocce di vaniglia | |
| dolcificante liquido | |

Frullare in un mixer da frappé il latte fino a farlo diventare una spuma. Aggiungere lentamente la vaniglia, il dolcificante e la polvere di nocciole.

N.B. Al posto della vaniglia si può aggiungere una punta di cacao amaro.

---

## ALCUNI SPUNTINI VELOCISSIMI

**(1 BLOCCO)**

| | |
|---|---|
| 80 g di ricotta | 1 P |
| 100 g di pera | 1 C |
| 1 noce | 1 G |
| gocce di vaniglia | |
| dolcificante per la ricotta | |

| | |
|---|---|
| 80 g di ricotta | 1 P |
| 10 g di uvetta sultanina | 1 C |
| 3 g di pinoli | 1 G |
| un po' di cannella | |

| | |
|---|---|
| 75 g di formaggio light spalmabile | 1 P |
| 170 g di fragole frullate | 1 C |
| 1 noce | 1 G |
| alcune gocce di vaniglia | |

# CREMA DI RICOTTA, FRAGOLE E BISCOTTI

(4 BLOCCHI)

| | |
|---|---|
| 240 g di ricotta | 3 P |
| 510 g di fragole (fresche o surgelate) | 3 C |
| 9 g di pinoli | 3 G |
| 4 biscotti bilanciati | 1 P+1 C+1 G |

*Mescolare in una ciotola la ricotta, le fragole e i pinoli fino a ottenere una crema omogenea.*
*Triturare i biscotti riducendoli in briciole e unirle alla crema.*
*Dividere in 4 coppette.*

# MOUSSE DI PERE E CACAO

(4 BLOCCHI)

28 g di proteine in polvere
Whey 90 — 4 P
300 g di pera — 3 C
10 g di fruttosio — 1 C
4 noci tritate — 4 G
1 cucchiaino di cacao amaro
⅓ di cucchiaino di cannella
3 cubetti di ghiaccio

DOLCE

*Unire in un frullatore tutti i componenti tranne il fruttosio e il ghiaccio. Frullare bene fino a ottenere un composto omogeneo e aggiungere un cubetto di ghiaccio alla volta e il fruttosio.*
*Riporre in frigo e servire dopo alcune ore.*

# SORBETTO DI FRUTTI DI BOSCO

(4 BLOCCHI)

Dolce

| | |
|---|---|
| 8 albumi | 4 P |
| 600 g di frutti di bosco misti (anche surgelati) | 4 C |
| 12 g di pinoli | 4 G |
| succo di limone | |
| dolcificante | |

*Frullare i frutti di bosco e passarli al setaccio.*
*Aggiungere il succo di limone, i pinoli e il dolcificante.*
*Montare a neve ben ferma gli albumi e unire delicatamente alla frutta.*
*Mettere in freezer per 3 o 4 ore, rimescolando di tanto in tanto con una forchetta.*
*Togliere dal freezer 30 minuti prima di servire.*
*N.B. Al posto dei frutti di bosco si possono utilizzare 680 g di fragole oppure 600 g di pesche oppure 520 g di albicocche oppure 360 g di mele aggiungendo un po' di cannella.*

# CROSTINI CON IL SALMONE

(2 BLOCCHI)

| | |
|---|---|
| 25 g di cracker bilanciati | 1 P+1 C+1 G |
| 40 g di salmone affumicato a fette | 1 P |
| 90 g di ananas | 1 C |
| 1 noce | 1 G |

SALATO

*Servire il salmone sui cracker accompagnando il tutto con l'ananas tagliato dopo averlo leggermente scaldato nel microonde. Aggiungere la noce tritata.*

## FRAGOLE, MELE E PARMIGIANO REGGIANO

(2 BLOCCHI)

| | |
|---|---|
| 40 g di Parmigiano Reggiano | 2 P |
| 80 g di fragole | ½ C |
| 135 g di mele sode | 1 e ½ C |
| 1 cucchiaio di aceto balsamico | |

Tagliare le fragole a spicchi e la mela a fettine sottilissime disponendole in maniera alternata in una coppetta.
Tagliare il parmigiano con l'affettatartufo o con il pelapatate, in modo da ottenere fettine sottili.
Aggiungere il formaggio alla frutta e spruzzarci sopra l'aceto balsamico.

---

## CROSTINI ALL'UOVO

(2 BLOCCHI)

| | |
|---|---|
| 25 g di cracker bilanciati | 1 P+1 C+1 G |
| 1 uovo sodo | 1 P |
| 60 g di uva | 1 C |
| 1 cucchiaino di olio | 1 G |

Tritare l'uovo e mescolarlo al cucchiaino di olio amalgamando il composto, che può essere servito spalmato sopra ai cracker.
Accompagnare con l'uva.

## (2 BLOCCHI)

## CROSTINI ALLO SPECK

| | |
|---|---|
| 25 g di cracker bilanciati | 1 P+1 C+1 G |
| 25 g di speck | 1 P |
| 100 g di pera | 1 C |
| 3 g di pinoli | 1 G |

Tagliare con la mezzaluna lo speck, la pera e i pinoli, distribuire sui cracker e servire.

## (1 BLOCCO)

## ALCUNE IDEE VELOCISSIME

| | |
|---|---|
| 25 g di prosciutto crudo | 1 P |
| 150 g di pesca | 1 C |
| 1 noce | 1 G |
| | |
| 35 g di mozzarella | 1 P |
| 60 g di uva | 1 C |
| 3 nocciole | 1 G |
| | |
| 20 g di bresaola | 1 P |
| 100 g di pera | 1 C |
| 3 olive denocciolate | 1 G |
| | |
| 1 uovo sodo | 1 P |
| 90 g di ananas | 1 C |
| 3 mandorle | 1 G |
| | |
| 20 g di Grana Padano | 1 P+1 G |
| 170 g di fragole | 1 C |

# CROSTINI CON RICOTTA TARTUFATA

(2 BLOCCHI)

| | |
|---|---|
| 25 g di cracker bilanciati | 1 P+1 C+1 G |
| 80 g di ricotta | 1 P |
| 60 g di uva | 1 C |
| 1 cucchiaino di olio tartufato | 1 G |

*Mescolare l'olio alla ricotta e spalmare sui cracker. Accompagnare con l'uva.*
*N.B. Al posto della ricotta è possibile utilizzare 75 g di formaggio spalmabile.*

# La CARNE

# La carne

*La carne rappresenta una fonte proteica semplice da reperire e facile da preparare. Inoltre possiede delle caratteristiche aminoacidiche uniche anche se è necessario non eccedere nel suo utilizzo (soprattutto per ciò che riguarda la carne rossa).*

*La regola d'oro è sempre quella di diversificare la scelta delle fonti proteiche.*

# CONIGLIO MARINATO CON BROCCOLI IN UMIDO

**(12 BLOCCHI)**

*Tagliare il coniglio in piccoli pezzi, coprirlo con vino, aceto e rosmarino lasciandolo marinare per 1 giorno in frigo. Estrarre il coniglio dal frigo e dalla marinatura. In una padella mettere un po' di olio, il coniglio e far rosolare finché avrà assunto un colore dorato. Aggiungere un po' di brodo vegetale, un po' di sale e proseguire la cottura a casseruola coperta per circa 40 minuti a fuoco basso. Quando il coniglio sarà tenero, toglierlo dalla casseruola. Far restringere il sugo di cottura, filtrarlo e versarlo sopra al coniglio. Tagliare i broccoli a cimette. Prendere un po' dell'olio a disposizione, metterlo in un tegame a scaldare e far imbiondire la cipolla tagliata sottile. Aggiungere poi l'uvetta precedentemente ammorbidita in acqua e i pomodori tagliati a dadini. Cuocere per circa 30 minuti. Unire i broccoli, alzare la fiamma per rosolarli, aggiungere sale e continuare poi la cottura a fuoco lento. Se necessario a metà cottura aggiungere un po' di brodo vegetale. Servire con il coniglio. Completare con l'ananas affettato.*

| | |
|---|---|
| 420 g di coniglio | 12 P |
| 870 g di broccoli | 3 C |
| 150 g di pomodori pelati | ½ C |
| 160 g di cipolla | 1 C |
| 35 g di uva sultanina | 3 e ½ C |
| 360 g di ananas | 4 C |
| 4 cucchiai di olio | 12 G |

1 bicchiere di vino bianco
1 bicchiere di aceto balsamico
brodo vegetale
rosmarino
sale

# FILETTO DI MAIALE CON FINOCCHI

(8 BLOCCHI)

*Scaldare il forno a 180°C. Tagliare il maiale a pezzettini e i finocchi in quarti. In una teglia mettere l'olio a scaldare e quindi rovesciare il maiale e i finocchi lasciando rosolare. Sfumare con il vino, aggiungere un po' di sale e la buccia di arancia. Coprire e infornare cuocendo per 30 minuti circa. Lavare l'uva sultanina e metterla ad ammorbidire nel succo di arancia con un po' di cannella. Lasciarla riposare per 30 minuti. Tagliare le mele a fettine. Scaldare una piastra e grigliare le fette di mela per alcuni minuti girandole spesso. Disporre le mele in un piatto con l'uva sultanina precedentemente ammorbidita e il succo di arancia. Servire il tutto assieme al maiale.*

| | |
|---|---|
| 280 g di filetto di maiale | 8 P |
| 450 g di finocchi | ½ C |
| 150 g di succo di arancia | 1 e ½ C |
| 360 g di mele | 4 C |
| 20 di uva sultanina | 2 C |
| 2 cucchiai e 2 cucchiaini di olio | 8 G |

1 bicchiere di vino bianco
2 cucchiaini di buccia di arancia grattugiata
cannella
sale

## TACCHINO
## CON GLI ASPARAGI
(6 BLOCCHI)

*Eliminare la parte legnosa degli asparagi tagliando il resto a rondelline in senso diagonale. Tagliare i peperoni a striscioline. Tagliare il tacchino a pezzi e metterlo a rosolare in una padella con l'olio fino a quando sarà ben dorato. Togliere il tacchino dalla padella e lasciare in caldo. Nel fondo di cottura mettere a saltare le verdure aggiungendo un po' di brodo vegetale e del sale. Cuocere fino a quando le verdure risulteranno ammorbidite. Disporre le verdure e il tacchino in un piatto. Accompagnare con l'ananas tagliato a fette sottilissime.*

| | | | |
|---|---|---|---|
| 180 g di tacchino | 6 P | 2 cucchiai di olio | 6 G |
| 135 g di peperoni | 1 C | brodo vegetale | |
| 600 g di asparagi | 3 C | sale | |
| 180 g di ananas | 2 C | | |

# TACCHINO ALL'ACETO BALSAMICO

**(4 BLOCCHI)**

*In una padella antiaderente mettere a scaldare un po' di brodo vegetale. Aggiungere la salvia e il rosmarino e lasciare cuocere per alcuni minuti. Mettere nella padella il tacchino con un po' di sale. Cuocere fino a quando la carne sarà dorata. Togliere dalla padella il tacchino, tenerlo in caldo ed eliminare la salvia e il rosmarino. Nella stessa padella aggiungere al fondo di cottura l'aceto balsamico facendo scaldare a fuoco vivo e mescolando bene. Rimettere il tacchino nella padella, finire la cottura e servire con la salsina ottenuta. Tagliare i pomodorini a metà, i ravanelli a rondelle, i finocchi a fette sottili, i peperoni a striscioline e le carote a bastoncini. Mescolare il tutto e condire con l'olio, il succo di limone e un po' di sale. Completare il bilanciamento con 260 g di albicocche.*

| | | | |
|---|---|---|---|
| 120 g di tacchino | 4 P | 1 cucchiaio e 1 cucchiaino di olio | 4 G |
| 100 g di pomodorini | ⅓ C | ⅓ di bicchiere di aceto balsamico | |
| 150 g di ravanelli | ⅓ C | brodo vegetale | |
| 300 g di finocchi | ⅓ C | rosmarino | |
| 60 g di carote | ½ C | succo di limone | |
| 60 g di peperoni | ½ C | salvia | |
| 260 g di albicocche | 2 C | sale | |

# PETTI DI POLLO
# ALLO YOGURT
## (6 BLOCCHI)

*Versare l'olio in una padella aggiungendo il pollo tagliato in piccoli pezzi, il sale e il vino bianco. Lasciare evaporare aggiungendo in seguito l'aceto di mele e lasciando sul fuoco fino a cottura ultimata. Togliere il pollo e tenerlo in caldo. Aggiungere al fondo di cottura lo yogurt facendo addensare la salsa. Utilizzare la salsa per condire il pollo. Cuocere le pere senza aggiunta di liquidi. Frullare, passare al setaccio, aggiungere l'agar-agar e il dolcificante continuando la cottura per 2 minuti. Rovesciare il composto in uno stampo foderato da pellicola trasparente e lasciarlo in frigo per circa 6 ore.*

*Servire con il pollo.*

| | |
|---|---|
| 200 g di yogurt magro | 1 P+1 C+1 G |
| 150 g di pollo | 5 P |
| 500 g di pere | 5 C |
| 1 cucchiaio e 2 cucchiaini di olio | 5 G |
| 12 g di agar-agar | |

dolcificante
2 cucchiai di aceto di mele
½ bicchiere di vino bianco
sale

# POLLO
## CON RADICCHIO
**(8 BLOCCHI)**

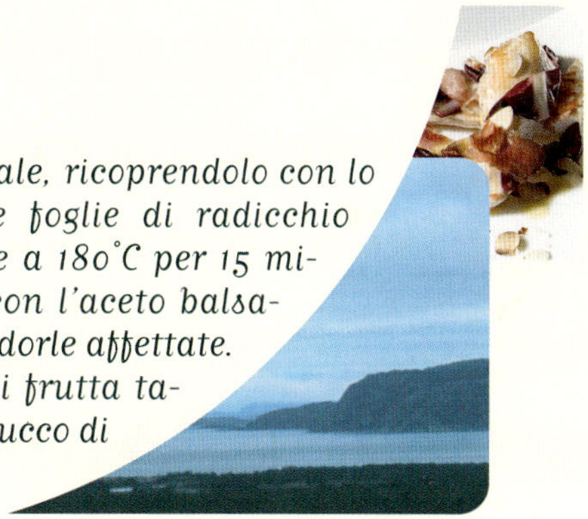

*Mettere in una pirofila il pollo con un po' di sale, ricoprendolo con lo speck tritato in maniera grossolana e le foglie di radicchio tagliate a striscioline. Infornare e cuocere a 180°C per 15 minuti circa. Prima di servire spruzzare con l'aceto balsamico e cospargere la carne con le mandorle affettate. Servire assieme alla macedonia di frutta tagliata a dadini e irrorata con succo di arancia e dolcificante.*

| | |
|---|---|
| 150 g di pollo tagliato a strisce | 5 P |
| 75 g di speck | 3 P |
| 180 g di ananas | 2 C |
| 180 g di uva | 3 C |
| 300 g di pesca | 2 C |
| 100 g di succo di arancia | 1 C |
| 24 mandorle tostate e affettate | 8 G |

100 g di radicchio rosso
dolcificante
aceto balsamico
sale

# FILETTO DI MAIALE CON PERE AL PORTO E UVA SULTANINA

**(6 BLOCCHI)**

*Sbucciare le pere e tagliarle a fette sottili. In un pentolino mescolare mezzo bicchiere di vino, il porto, l'uva sultanina e portare a ebollizione. Aggiungere le pere lasciando sul fuoco per 2 minuti. Spegnere il fuoco e togliere le pere aiutandosi con un mestolo forato. Tenere da parte il fondo di cottura. Battere il filetto e aggiungere sale e pepe. Riscaldare una padella antiaderente e mettere il filetto a cuocere per qualche minuto fino a ottenere una crosticina dorata. Aggiungere al maiale un cucchiaio di fondo di cottura delle pere. Quando la carne avrà preso colore, aggiungere il resto del vino, ma in quantità tale da farlo evaporare rapidamente. Servire la carne con la salsa di vino rimasta e l'uva sultanina. Completare la ricetta con le mandorle affettate.*

| | | |
|---|---|---|
| 210 g di filetto di maiale | 6 P | ½ bicchiere di porto |
| 300 g di pere | 3 C | 1 bicchiere di vino bianco |
| 30 g di uva sultanina | 3 C | sale |
| 18 mandorle affettate | 6 G | pepe |

## STUFATO ALLA GRECA

**(6 BLOCCHI)**

| | |
|---|---|
| 210 g di manzo | 6 P |
| 260 g di pomodoro | 1 C |
| 160 g di scalogno | 1 C |
| 510 g di fragole | 3 C |
| 100 g di succo di arancia | 1 C |
| 2 cucchiai di olio | 6 G |
| brodo vegetale | |
| rosmarino | |
| 2 cucchiai di aceto di vino rosso | |
| sale | |
| foglioline di menta | |
| dolcificante | |

Passare i pomodori nel mixer aggiungendo un po' di brodo vegetale, sino a ottenere un composto omogeneo.
Mettere l'olio a riscaldare in una casseruola incorporando lo scalogno tagliato sottile e facendo poi cuocere per circa 8 minuti.
Togliere lo scalogno dalla casseruola e mettervi a cuocere il manzo tagliato a pezzetti.
Far rosolare per 5 minuti mescolando spesso e aggiungendo eventualmente del brodo vegetale.
Versare nella casseruola lo scalogno, la crema di pomodoro, il rosmarino, l'aceto e il sale.
Coprire e far cuocere per altri 30 minuti circa.
Tagliare le fragole in piccoli pezzi, aggiungere il succo di arancia, il dolcificante, le foglie di menta e lasciare marinare per un'ora.
Servire le fragole come dessert.

---

## TACCHINO CON CIPOLLE E VELLUTATA DI BOSCO

**(8 BLOCCHI)**

| | |
|---|---|
| 240 g di tacchino | 8 P |
| 80 g di cipolla | ½ C |
| 60 g di carote | ½ C |
| 1050 g di frutti di bosco surgelati misti | 7 C |
| 2 cucchiai e 2 cucchiaini di olio | 8 G |
| 25 g di agar-agar | |
| dolcificante | |
| sale | |

Tagliare il tacchino a strisce, le carote a rondelle e la cipolla a fettine sottili.
Mettere l'olio in una casseruola, riscaldarlo e far dorare le verdure.
Cuocere a fuoco lento per 10 minuti.
Aggiungere il tacchino e un po' di sale.
Mescolando spesso, cuocere per altri 15 minuti circa.
Scongelare i frutti di bosco e farli cuocere senza aggiunta di liquidi.
Aggiungere un po' di dolcificante, frullare e passare al setaccio. Alla frutta aggiungere l'agar-agar e proseguire la cottura per 3 minuti.
Versare il composto in uno stampo foderato con pellicola trasparente.
Mettere in frigo per almeno 6 ore.
Servire con il tacchino.

## MANZO CON ANANAS ALLA VANIGLIA

*(9 BLOCCHI)*

| | |
|---|---|
| 280 g di manzo | 8 P |
| 200 ml di latte | 1 P+1 C+1 G |
| 720 g di ananas | 8 C |
| 2 cucchiai e | |
| 2 cucchiaini di olio | 8 G |
| sale | |
| misticanza | |
| succo di limone | |
| dolcificante | |
| 20 g di preparato per budino alla vaniglia senza zucchero | |

Mescolare l'olio, il limone e il sale fino a ottenere una emulsione omogenea. Adagiare le fette di manzo sopra a una piastra antiaderente molto calda. Scottare da entrambe le parti per pochi minuti.
Adagiare le fettine di manzo su un letto di misticanza, condendo con la salsa di olio e limone.
Tenere in caldo.
Tagliare l'ananas a cubetti mettendolo a marinare con un po' di succo di limone.
Stemperare il preparato per budino con ⅓ del latte freddo.
Portare a ebollizione il resto del latte, quindi aggiungere la polvere di vaniglia e cuocere fino a quando la crema non inizia a rapprendersi.
Aggiungere il dolcificante, lasciare raffreddare.
Versare sopra all'ananas.

---

## FILETTO DI MANZO ALLA SENAPE

*(8 BLOCCHI )*

| | |
|---|---|
| 210 g di manzo | 6 P |
| 4 albumi d'uovo | 2 P |
| 360 g di ananas | 8 C |
| 2 cucchiai e | |
| 2 cucchiaini di olio | 8 G |
| dolcificante | |
| 1 cucchiaio di senape chiara | |
| prezzemolo | |
| 4 cucchiai di brandy | |
| sale | |
| pepe | |

Scaldare l'olio in una padella. Rosolare la carne con sale, pepe, spruzzare con il brandy, unire la senape, il prezzemolo e qualche cucchiaio di acqua.
Coprire e cuocere ancora per qualche minuto.
Frullare la polpa di ananas e passare al setaccio.
Aggiungere il dolcificante e gli albumi d'uovo montati a neve ben ferma.
Mescolare delicatamente.
Mettere in un recipiente e conservare in freezer per 6 ore mescolando di tanto in tanto.
Togliere dal freezer 30 minuti prima di servire.

## CARNE TRITATA CON MAIS E TIMO

*(6 BLOCCHI)*

| | |
|---|---|
| 210 g di manzo tritato | 6 P |
| 80 g di cipolla tritata | ½ C |
| 150 g di polpa di pomodoro a pezzetti | ½ C |
| 70 g di peperoni tritati | ½ C |
| 135 g di mais | 4 e ½ C |
| 2 cucchiai di olio | 6 G |
| brodo vegetale | |
| sale | |
| pepe | |
| timo tritato | |

Scaldare l'olio in una pentola facendovi rosolare a fuoco moderato la carne tritata per 5 minuti.

Aggiungere la cipolla, il peperone, il mais, la polpa di pomodoro e il timo tritato.

Aggiungere il brodo vegetale e portare a bollore mescolando continuamente.

Ridurre il fuoco, coprire e far cuocere per 15 minuti circa.

Aggiungere il sale e il pepe.

---

## POLLO AL LIMONE CON INSALATA DI AGRUMI

*(8 BLOCCHI)*

| | |
|---|---|
| 240 g di petto di pollo | 8 P |
| 300 g di pompelmo | 2 C |
| 240 g di arance | 2 C |
| 150 g di succo di pompelmo | 2 C |
| 100 g di succo di arancia | 1 C |
| 230 g di rucola | 1 C |
| 2 cucchiai e 2 cucchiaini di olio | 8 G |
| 30 ml di vino bianco | |
| 2 rametti di rosmarino | |
| sale | |
| pepe | |
| brodo vegetale | |
| succo di limone | |

Rosolare il rosmarino in 1 cucchiaio di olio e un po' di brodo vegetale.

Aggiungere il pollo tagliato a pezzetti, il vino bianco, il sale e il pepe lasciando evaporare.

Unire il succo di limone e portare a cottura aggiungendo acqua se necessario.

Mescolare il succo di pompelmo, il succo di arancia, il resto dell'olio e il sale e versarli sulla rucola tritata grossolanamente.

Pelare a vivo gli agrumi, tagliarli a spicchi e aggiungerli all'insalata.

## (8 BLOCCHI)

180 g di pollo 6 P
400 g di yogurt bianco 2 P+2 C+2 G
400 g di peperoni 3 C
160 g di cipolla 1 C
20 g di uva sultanina 2 C
1 cucchiaio di olio 3 G
9 g di pinoli 3 G
2 cucchiai di curry
1 cucchiaino di menta tritata
½ cetriolo tritato
1 cucchiaio di prezzemolo tritato
sale

## POLLO CON YOGURT E PEPERONI AL CURRY

Unire in una ciotola 200 g di yogurt e 1 cucchiaio di curry.
Tagliare il pollo a fette sottili e cospargerle con la salsa al curry e un po' di sale. Lasciare marinare per 30 minuti.
Unire gli altri 200 g di yogurt con il prezzemolo, il cetriolo e la menta tritati finemente.
Tagliare i peperoni a striscioline. Affettare la cipolla e saltarla in una pentola con l'olio fino a farla diventare trasparente. Aggiungere i peperoni facendoli saltare a fuoco alto per qualche minuto. Abbassare la fiamma, aggiungere i pinoli e l'uvetta precedentemente ammorbidita in acqua. Spolverare il residuo cucchiaio di curry e lasciare stufare per 15 minuti circa a pentola scoperta.
Scaldare una piastra antiaderente e mettervi a cuocere il pollo per 5 minuti. Appena si sarà colorito, togliere dalla piastra e servire con la salsa di yogurt spalmata sopra.
Servire il pollo con i peperoni al curry.

---

## (6 BLOCCHI )

210 g di lombata di manzo
tagliata a strisce 6 P
80 g di cipolla affettata ½ C
150 g di pelati tritati ½ C
10 g di fruttosio 1 C
400 g di cipolline 4 C
2 cucchiai di olio 6 G
1 cucchiaio di capperi
1 cucchiaio di salsa di pomodoro
2 cucchiaini di aceto di mele
brodo vegetale
sale
pepe

## LOMBATA DI MANZO CON CIPOLLINE AI CAPPERI

Scaldare una padella antiaderente e mettervi a cuocere la cipolla con un po' di brodo vegetale.
Unire la carne insieme a un cucchiaio di olio.
Cuocere la carne a fiamma alta per 2 minuti.
Spegnere il fuoco e tenere in caldo.
Immergere le cipolline in acqua bollente lasciandole cuocere solo pochi minuti. Farle raffreddare e sbucciarle.
Mettere le cipolline in un tegame con l'olio residuo, i pomodori, i capperi, la salsa di pomodoro, il fruttosio, l'aceto, il sale, il pepe ed eventualmente un po' di brodo vegetale.
Mettere il tegame sul fuoco, coprire e lasciare cuocere per 5 minuti.
Servire con la lombata.

# *il* pesce

# IL PESCE

*Il pesce è indubbiamente una delle migliori fonti proteiche, in quanto povero di acido arachidonico e ricco di omega-3. Gli unici inconvenienti potrebbero essere la difficoltà di trovarlo e la complessità della preparazione.*
*Al contrario della carne, delle uova e dei formaggi, normalmente il pesce non provoca problemi di sovraccarico, per cui il suo consumo frequente non costituisce un problema. Nelle ricette che seguono sono stati scelti tipi di pesce di semplice preparazione, di comune utilizzo e di facile reperibilità.*

# Carpaccio di salmone e semi di sesamo

(8 BLOCCHI)

| | |
|---|---|
| 320 g di salmone fresco | 8 P |
| 400 g di kiwi | 4 C |
| 360 g di ananas | 4 C |
| 2 cucchiai e 2 cucchiaini di olio | 8 G |
| 1 mazzetto di rucola | |
| il succo di 1 limone | |
| semi di sesamo | |
| erba cipollina | |
| sale | |

*Tagliare il salmone a fette sottili e disporle in un piatto. Filtrare il succo del limone e aggiungervi il sale, l'olio e l'erba cipollina tritata. Versare il condimento sul pesce e lasciare marinare in frigo per 1 ora. Tagliare sottilmente la rucola e suddividerla nei piatti. Affettare sottilmente l'ananas e i kiwi e sistemarli sopra la rucola. Irrorare con il succo della marinatura rimasto e cospargere di semi di sesamo.*

# Spiedino tropicale di salmone

(8 BLOCCHI)

| | |
|---|---|
| 320 g di salmone | 8 P |
| 630 g di ananas | 7 C |
| 10 g di fruttosio | 1 C |
| 2 cucchiai e 2 cucchiaini di olio | 8 G |
| 3 cucchiai di aceto di mele | |
| 1 cucchiaio di salsa di soia | |
| 1 cucchiaino di semi di sesamo | |
| sale | |
| pepe | |

*Tagliare il salmone e l'ananas a cubetti. Unire in una ciotola l'aceto di mele, la salsa di soia, il fruttosio, il sale, il pepe e l'olio. Mescolare e aggiungere il pesce, lasciandolo marinare per 10 minuti. Scolarlo, quindi infilzare su uno spiedino i cubetti di salmone alternati a quelli di ananas. Cuocere su una piastra antiaderente liscia per alcuni secondi per lato. Disporre in un piatto da portata e cospargere di semi di sesamo.*

# Merluzzo allo zafferano e crisp di mele

(8 BLOCCHI)

*Per il merluzzo*

| | |
|---|---|
| 320 g di merluzzo | 8 P |
| 160 g di cipolla | 1 C |
| 190 g di fagiolini | ½ C |
| 2 cucchiai di olio | 6 G |
| 1 bustina di zafferano | |
| ½ bicchiere di vino bianco | |
| 1 spicchio d'aglio | |
| 1 mazzetto di rucola | |
| 1 ciuffetto di erba cipollina | |
| sale | |
| pepe | |

*Per il crisp di mele*

| | |
|---|---|
| 360 g di mele | 4 C |
| 25 g di uva sultanina | ½ C |
| 6 g di pinoli | 2 G |
| succo di limone | |
| cannella | |
| semi di sesamo | |
| dolcificante liquido | |

*Tagliare sottilmente la cipolla, sbucciare e schiacciare lo spicchio d'aglio e rosolarli in un tegame con l'olio. Tagliare il merluzzo a filetti sottili, metterli nel tegame, salare, pepare e lasciarli dorare leggermente da entrambi i lati. Pulire i fagiolini, tagliarli a pezzetti e versarli nel tegame. Unire il vino e lo zafferano e coprire, cuocendo a fuoco moderato per circa 8 minuti. Scoprire il tegame, togliere il merluzzo e adagiarlo in un piatto. Mettere nel tegame la rucola pulita e tagliata, mescolandola con il resto del sugo. Versare il tutto sui filetti di merluzzo, cospargendoli poi di erba cipollina. Lavare le mele, sbucciarle e grattugiarle a listarelle. Aggiungere il succo di limone, il dolcificante liquido e la cannella. Unire i pinoli, l'uva sultanina, i semi di sesamo e mescolare. Rovesciare il composto in una teglia e infornare a 180°C per 15 minuti. Servire come dessert a completamento della ricetta.*

## SALMONE AL FORNO CON SALVIA E MAIS

(3 BLOCCHI)

Tagliare il salmone a fette sottili e la salvia e l'erba cipollina a striscioline. Disporre le fettine di salmone in una pirofila.
In una ciotola, unire la salvia, l'erba cipollina, il succo di limone, il sale, il pepe e l'olio, mescolando bene.
Versare il condimento sul salmone, aggiungendo poi il mais.
Mettere in forno già caldo a 180°C per pochi minuti e servire.

| | |
|---|---|
| 120 g di salmone | 3 P |
| 90 g di mais | 3 C |
| 1 cucchiaio di olio | 3 G |
| il succo di 1 limone | |
| 6 foglie di salvia | |
| erba cipollina | |
| sale | |
| pepe | |

---

## MERLUZZO CON LIMONE E INSALATA PRIMAVERA

(8 BLOCCHI)

Tritare finemente l'aglio e la cipolla, separatamente. Mettere la cipolla in una padella con l'olio e un po' di brodo vegetale e farla appassire per 5 minuti a fuoco basso. Aggiungere l'aglio e i pomodori privati della buccia e tagliati in 4 spicchi e cuocere per 4 minuti. Unire la scorza del limone, il vino bianco, le erbe aromatiche, i filetti di merluzzo, il sale e il pepe.
Abbassare la fiamma al minimo, coprire e lasciar cuocere fino a quando il pesce sarà pronto (15-20 minuti).
Pulire e tagliare a pezzettini le verdure per l'insalata, unire le pere tagliate a dadini, aggiungere l'olio, il sale, il pepe, il basilico e il succo di limone. Servire con i filetti di merluzzo.

*Per il merluzzo*

| | |
|---|---|
| 320 g di filetti di merluzzo | 8 P |
| 160 g di cipolle | 1 C |
| 260 g di pomodori | 1 C |
| 1 cucchiaio di olio | 3 G |
| 1 spicchio di aglio | |
| il succo e la scorza grattugiata di 1 limone | |
| ½ bicchiere di vino bianco | |
| 3 cucchiai di erbe aromatiche | |
| brodo vegetale q.b. | |
| sale | |
| pepe | |

*Per l'insalata*

| | |
|---|---|
| 135 g di peperoni rossi | 1 C |
| 135 g di peperoni gialli | 1 C |
| 260 g di pomodori | 1 C |
| 160 g di cipolla | 1 C |
| 200 g di pere | 2 C |
| 1 cucchiaio e 2 cucchiaini di olio | 5 G |
| basilico | |
| succo di limone | |
| sale | |
| pepe | |

## *GAMBERONI AL CURRY* *(8 BLOCCHI)*

Mettere la polpa dei gamberoni in una ciotola, versarvi sopra il succo di limone e lasciar riposare.
Dorare la cipolla in un tegame con l'olio, aggiungere il curry, i pomodori e la salsa e cuocere per 20 minuti.
Unire i gamberoni scolati dal limone e cuocere per altri 5-10 minuti.
Versare il mais in una padella antiaderente con un po' della sua acqua, farlo abbrustolire per alcuni minuti e servirlo con il pesce.

| | |
|---|---|
| 400 g di gamberoni sgusciati | 8 P |
| 260 g di pomodori | 1 C |
| 150 g di salsa di pomodoro | ½ C |
| 80 g di cipolla | ½ C |
| 180 g di mais | 6 C |
| 2 cucchiai e 2 cucchiaini di olio | 8 G |
| il succo di 1 limone | |
| 1 cucchiaino di curry | |

## *MERLUZZO CON PEPERONI* *(8 BLOCCHI)*

Unire l'olio, la salsa di soia, il succo di limone e il vino bianco. Disporre i filetti di merluzzo in un piatto, versarci sopra il condimento e mettere in frigo a riposare per 2 o 3 ore, girandoli di tanto in tanto.
Scolare il pesce dal condimento e cuocerlo alla griglia secondo il proprio gusto.
Versare il condimento del merluzzo in un tegame antiaderente e aggiungere i porri e i peperoni tagliati a strisce sottilissime. Se necessario, unire un po' di brodo vegetale. Quando la verdura risulterà cotta, distribuirla sui filetti di merluzzo.
Mescolare in una ciotola il succo di lime, un po' di cannella e alcune gocce di estratto di vaniglia, quindi lasciar riposare per 30 minuti.
Tagliare la frutta a pezzi e irrorarla con il succo precedentemente preparato.
Riporre in frigo per 1 ora.

*Per il merluzzo*

| | |
|---|---|
| 320 g di filetti di merluzzo | 8 P |
| 135 g di peperoni | 1 C |
| 80 g di porri | ½ C |
| 2 cucchiai e 2 cucchiaini di olio | 8 G |
| 2 cucchiai di salsa di soia | |
| il succo di 1 limone | |
| 2 cucchiai di vino bianco | |
| brodo vegetale q.b. | |

*Per la frutta*

| | |
|---|---|
| 150 g di kiwi | 1 e ½ C |
| 180 g di uva | 3 C |
| 340 g di fragole | 2 C |
| cannella | |
| estratto di vaniglia | |
| il succo di 1 lime | |

# Insalata di crostacei con mix di frutta acida

(8 BLOCCHI)

*Per i crostacei*

| | |
|---|---|
| 200 g di gamberetti | 4 P |
| 200 g di gamberi | 4 P |
| 120 g di sedano | ⅓ C |
| 40 g di carota | ⅓ C |
| 50 g di cipolla | ⅓ C |
| la scorza di 1 limone | |
| ½ bicchiere di vino bianco | |
| prezzemolo | |

*Per il mix di frutta*

| | |
|---|---|
| 360 g di ananas | 4 C |
| 200 g di kiwi | 2 C |
| 170 g di fragole | 1 C |
| 2 cucchiai e 2 cucchiaini di olio | 8 G |
| misticanza | |
| il succo di 1 limone | |
| sale | |
| pepe | |

*Far bollire in ½ litro d'acqua la carota, il sedano e la cipolla tagliati a pezzetti, unendo il vino. Aggiungere poi la scorza del limone tagliata a strisce e il prezzemolo. Quando il brodo sarà pronto, mettere i crostacei nella pentola e cuocere per 4 minuti. Tagliare la frutta a pezzettini, unirla alla misticanza e condire con una citronette preparata con il succo di limone, il sale, il pepe e l'olio. Distribuire il mix di frutta e misticanza nei piatti e adagiarvi sopra i crostacei.*

# Polpo con fragole e uva

(6 BLOCCHI)

*Cuocere il polpo in acqua bollente salata per 20-25 minuti, quindi lasciarlo intiepidire nell'acqua. Preparare prima le verdure, tagliando sottilmente le insalate e poi grattugiando le carote. Tagliare gli acini d'uva a metà e le fragole a fettine. Unire in una terrina le verdure, la frutta e il polpo tagliato a pezzettini. Condire con un'emulsione di olio, succo di limone, sale e pepe.*

| | |
|---|---|
| 360 g di polpo | 6 P |
| 80 g di fragole | ½ C |
| 140 g di insalata belga | ½ C |
| 115 g di rucola | ½ C |
| 60 g di carote | ½ C |
| 240 g di uva | 4 C |
| 2 cucchiai di olio | 6 G |
| ½ limone | |
| sale | |
| pepe | |

## TONNO IN GELATINA CON INSALATA DI BOSCO (12 BLOCCHI)

Tritare il prezzemolo e metterlo nel frullatore con il tonno, i capperi, la ricotta, lo yogurt e la senape. Frullare sino a ottenere un composto omogeneo. Ammorbidire la colla di pesce in acqua fredda. Scaldare il vino a bagnomaria e incorporarvi la colla di pesce ben strizzata, facendola sciogliere completamente, quindi aggiungere al composto di tonno, mescolando bene.
Prendere uno stampo, bagnarlo con acqua fredda, versarvi la gelatina e lasciar riposare in frigo per 5 ore circa.
Al momento di servire, immergere lo stampo in acqua calda per alcuni istanti e rovesciare sopra un piatto da portata.
Per l'insalata di bosco, prendere l'uva sultanina e ammorbidirla in un po' d'acqua dove avrete precedentemente sciolto un po' di cannella. Mettere in una terrina tutta la frutta tagliata a pezzettini, aggiungere il fruttosio, il succo d'arancia, le foglie di menta, i pinoli e le mandorle affettate.

*Per il tonno*

| | |
|---|---|
| 320 g di ricotta | 4 P |
| 280 g di tonno al naturale | 8 P |
| 8 fogli di colla di pesce | |
| 4 cucchiai di capperi | |
| 4 cucchiai di yogurt magro | |
| senape | |
| prezzemolo | |
| 3 cucchiai di vino bianco | |
| sale | |
| pepe | |

*Per l'insalata*

| | |
|---|---|
| 175 g di mirtilli | 1 C |
| 140 g di lamponi | 1 C |
| 180 g di ananas | 2 C |
| 20 g di fruttosio | 2 C |
| 200 g di succo d'arancia | 2 C |
| 40 g di uva sultanina | 4 C |
| 18 g di pinoli tostati | 6 G |
| 18 mandorle tostate | 6 G |
| cannella | |
| foglioline di menta | |

# *il* FORMAGGIO

# IL FORMAGGIO

*Anche il formaggio, come la carne, costituisce una scelta proteica gradevole e semplice da reperire. Proprio per questo può succedere che a volte si ecceda nel consumarlo, rischiando di scatenare intolleranze alimentari che possono provocare diversi disturbi.*
*È opportuno ricordare*
*che i formaggi contengono grassi, anche se sono catalogati tra le fonti proteiche. È sempre consigliabile scegliere quelli con la più bassa percentuale di grasso possibile. La presenza della caseina influenza la risposta insulinica, motivo in più per assumere*
*questi alimenti con cautela.*

# Involtini di formaggio
## e bresaola con ananas e uva sultanina

(12 blocchi)

*Ammorbidire l'uva sultanina in acqua fredda. Tagliare l'ananas a cubetti, unire l'uvetta ammorbidita, il succo di lime e il dolcificante e lasciar riposare. Tritare le foglie di basilico e unirle al formaggio spalmabile, salando e mescolando bene. Tagliare l'indivia, le carote e la feta a listarelle. Spalmare la crema di formaggio su ogni fetta di bresaola, mettendo al centro del ripieno le listarelle di verdura e di feta e i pinoli. Arrotolare e disporre in un piatto da portata. Condire con l'olio e un po' di succo di limone. Bilanciare con l'ananas.*

| | |
|---|---|
| 80 g di bresaola | 4 P |
| 180 g di feta | 4 P |
| 300 g di formaggio light spalmabile | 4P |
| 145 g di indivia belga | ½ C |
| 120 g di carote | 1 C |
| 495 g di ananas | 5 e ½ C |
| 50 g di uva sultanina | 5 C |
| 2 cucchiai di olio | 6 G |
| 18 g di pinoli | 6 G |
| basilico | |
| succo di limone | |
| il succo di 1 lime | |
| sale | |
| dolcificante | |

## INSALATA DI FORMAGGIO E SPECK

*(8 BLOCCHI)*

| | |
|---|---|
| 150 g di formaggio light in panetto | 2 P |
| 150 g di speck in una fetta sola | 6 P |
| 230 g di rucola | 1 C |
| 270 g di mele | 3 C |
| 40 g di uva sultanina | 4 C |
| 2 cucchiai e 2 cucchiaini di olio | 8 G |
| il succo di 1 limone | |
| aceto balsamico | |
| 1 cucchiaino di senape | |
| semi di sesamo | |
| sale | |
| pepe | |
| dolcificante | |

Tritare grossolanamente la rucola. Sbucciare le mele, tagliarle a cubetti e irrorarle con il succo di limone. Tagliare a cubetti anche il formaggio e lo speck.

In una ciotola unire l'olio, l'aceto, il sale, il pepe, il dolcificante e la senape ed emulsionare bene. Lasciar ammorbidire l'uva sultanina in un po' d'acqua fredda.

Mettere la rucola in un piatto, aggiungere lo speck, il formaggio, le mele, l'uva sultanina e i semi di sesamo, condendo con la salsina preparata in precedenza.

---

## TERRINA DI VERDURE, MOZZARELLA E FETA

*(12 BLOCCHI)*

| | |
|---|---|
| 210 g di mozzarella | 6 P |
| 270 g di feta | 6 P |
| 540 g di peperoni | 4 C |
| 700 g di melanzane | 2 C |
| 640 g di zucchine | 1 C |
| 520 g di pomodori | 2 C |
| 480 g di cipolla | 3 C |
| 4 cucchiai di olio | 12 G |
| origano | |
| basilico | |
| erbe aromatiche | |
| tabasco | |
| aceto balsamico | |
| sale | |

Tagliare i peperoni a metà, poi a spicchi, e cuocerli nel forno preriscaldato a 200°C fino a quando la pelle risulterà abbrustolita. Sfornarli e lasciarli intiepidire in un sacchetto di carta per alimenti, quindi spellarli.

Scottare i pomodori in acqua bollente, spellarli e tagliarli a cubetti.

Affettare sottilmente la cipolla e farla appassire in una padella con un po' d'olio e di sale.

Aggiungere i peperoni e cuocere per qualche minuto, poi bagnare con alcune gocce di tabasco. Nel frattempo, tagliare a cubetti le zucchine e le melanzane.

Togliere dalla padella la cipolla e i peperoni, versarvi le zucchine e aggiungere olio e sale. Una volta cotte le zucchine, toglierle dalla padella, metterci le melanzane e condire con un altro po' d'olio. Dopo avere tolto le melanzane, versare nella padella i cubetti di pomodoro e rosolarli a fuoco vivo per alcuni minuti, salando.

Rimettere tutte le verdure nella padella, aggiungere l'origano, il basilico e le erbe aromatiche e cuocere per pochi minuti.

Disporre le verdure in un piatto e cospargere con i dadini di mozzarella e di feta, completando con l'aceto balsamico.

## TORTA DI MOZZARELLA E CECI

*(8 BLOCCHI)*

| | |
|---|---|
| 245 g di mozzarella | 7 P |
| 20 g di Parmigiano Reggiano | 1 P |
| 135 g di peperoni | 1 C |
| 350 g di melanzane | 1 C |
| 180 g di ceci cotti | 3 C |
| 300 g di zucchine | ½ C |
| 260 g di pomodori | 1 C |
| 450 g di salsa di pomodoro | 1 e ½ C |
| 2 cucchiai e 2 cucchiaini di olio | 8 G |
| origano | |
| basilico fresco | |
| sale | |

Passare i ceci nel passaverdura e aggiungere un po' di sale.
Tagliare le verdure a listarelle, salarle e rosolarle su una piastra riscaldata senza grassi.
Adagiare sul fondo di una pirofila una parte della salsa di pomodoro, poi uno strato di melanzane, alcuni dadini di mozzarella, il basilico, l'origano e ⅓ della crema di ceci. Continuare gli strati sovrapponendo gli ingredienti e aggiungendo anche le zucchine e i pomodori affettati.
Ultimare ricoprendo con la crema di ceci rimasta, il Parmigiano Reggiano e l'olio a disposizione.
Cuocere in forno preriscaldato a 180°C per 30 minuti circa.

---

## MOUSSE DI FORMAGGI CON MIRTILLI

*(6 BLOCCHI )*

| | |
|---|---|
| 225 g di formaggio light spalmabile | 3 P |
| 160 g di ricotta | 2 P |
| 35 g di camembert | 1 P |
| 60 g di carota | ½ C |
| 190 g di sedano | ½ C |
| 30 g di mais | 1 C |
| 2 cucchiai di olio | 6 G |
| 525 g di mirtilli | 3 C |
| 100 g di succo d'arancia | 1 C |
| 8 g di colla di pesce in fogli | |
| 1 cucchiaio di latte | |
| il succo di 1 limone | |
| senape | |
| sale | |
| dolcificante | |

Ammorbidire la colla di pesce in acqua fredda, strizzarla e farla sciogliere in un pentolino con 1 cucchiaio d'acqua, a fuoco basso.
Frullare la ricotta, il formaggio spalmabile e il camembert, ammorbidendo con 1 cucchiaio di latte, quindi unire la colla di pesce e mescolare con cura.
Versare il composto in uno stampo bucato al centro spennellato con olio di mandorle (o foderato di pellicola). Mettere in frigo per 3 ore.
Al momento di servire, rovesciare in un piatto da portata. Tagliare le verdure a bastoncini e disporle intorno alla mousse. Mettere il mais al centro della mousse. Condire con un'emulsione di olio, sale, succo di limone e senape.
Marinare i mirtilli nel succo d'arancia con il dolcificante. Lasciar riposare per 1 ora, poi servire con la mousse.

# Parmigiana

## con pesche grigliate

(8 BLOCCHI)

| | |
|---|---|
| 280 g di mozzarella | 8 P |
| 700 g di melanzane | 2 C |
| 600 g di salsa di pomodoro | 2 C |
| 2 cucchiai e 2 cucchiaini di olio | 8 G |
| 600 g di pesche | 4 C |
| il succo di 1 lime | |
| erbe aromatiche | |
| sale | |
| pepe | |
| dolcificante | |

*Sbucciare le melanzane, tagliarle a fette e arrostirle su una piastra bollente. Disporre sul fondo di una pirofila un po' di salsa di pomodoro, un po' d'olio, alcune melanzane, la mozzarella, il sale, il pepe, ancora salsa di pomodoro, l'olio rimasto e le erbe aromatiche. Cuocere in forno caldo a 180°C per circa 30 minuti. Tagliare le pesche a metà, poi a fettine, disporle su una piastra molto calda e arrostirle leggermente. Trasferirle in un piatto e cospargerle con il succo di lime dolcificato. Lasciar marinare in frigo per 1 ora.*

## MELONE FARCITO AL FORMAGGIO CON TACCHINO

*(8 BLOCCHI)*

| | |
|---|---|
| 300 g di formaggio light in panetto | 4 P |
| 120 g di petto di tacchino arrosto | 4 P |
| 480 g di melone | 4 C |
| 465 g di ribes | 3 e ½ C |
| 80 g di cipollotto | ½ C |
| 2 cucchiai e 2 cucchiaini di olio | 8 G |
| 1 limone (succo e scorza) | |
| basilico | |
| sale | |
| pepe | |

Tagliare il tacchino a strisce e il formaggio a cubetti (aiutarsi con un coltello bagnato nell'acqua fredda dopo ogni taglio).
Dividere il melone a metà e togliere la polpa, tenendo da parte la scorza.
Pulire il cipollotto e tagliarlo a rondelle.
Mettere in una ciotola la polpa del melone, il ribes, il tacchino, il formaggio, il basilico e il cipollotto e mescolare.
Grattugiare la scorza del limone e spremere il succo. Chiudere in un vasetto il succo del limone, la scorza e il sale, agitando finché quest'ultimo si sarà sciolto. Aggiungere l'olio, il pepe e agitare ancora. Disporre tutti gli ingredienti nei mezzi meloni e irrorare con la salsina.

---

## CREMA DI FORMAGGIO CON POLLO, POMPELMO ROSA E ARANCE

*(4 BLOCCHI)*

| | |
|---|---|
| 75 g di formaggio light spalmabile | 1 P |
| 90 g di petto di pollo affumicato | 3 P |
| 150 g di pompelmo rosa | 1 C |
| 150 g di succo di pompelmo | 2 C |
| 120 g di arancia | 1 C |
| 1 cucchiaio e 1 cucchiaino di olio | 4 G |
| senape | |
| erbe aromatiche | |
| sale | |

Mescolare il formaggio con un po' di senape e di sale.
Disporre le fettine di petto di pollo in un piatto, spalmate di un sottile strato di formaggio.
Sbucciare il pompelmo e l'arancia e tagliarli a fettine. Emulsionare l'olio con le erbe aromatiche, il succo di pompelmo rosa e il sale. Distribuire il condimento sulle fette di pollo e formaggio.

## RICOTTA ARLECCHINO

*(4 BLOCCHI )*

| | |
|---|---|
| 240 g di ricotta | 3 P |
| 1 uovo sodo | 1 P |
| 80 g di cipolla | ½ C |
| 35 g di uva sultanina | 3 e ½ C |
| 2 noci | 2 G |
| 6 g di pinoli | 2 G |
| 2 cucchiai di latte | |
| 2 cucchiai di carote sott'aceto | |
| 20 g di peperone rosso | |
| 20 g di peperone giallo | |
| erba cipollina | |
| senape | |
| il succo di 1 limone | |
| sale | |

Lavorare la ricotta con il latte. Aggiungere il sale, la senape e il succo di limone.
Tagliare tutte le verdure a pezzi molto piccoli e unirle alla ricotta, insieme con gli altri ingredienti rimasti, mescolando bene.
Lasciar riposare in frigo per 1 ora e ½.

---

## VERDURE FARCITE

*(4 BLOCCHI)*

| | |
|---|---|
| 300 g di formaggio light spalmabile | 4 P |
| 400 g di peperoni piccoli | 3 C |
| 120 g di carote | 1 C |
| 12 g di pinoli | 4 G |
| alcune foglie di insalata belga | |
| 2 cucchiai di latte | |
| erbe aromatiche | |
| pepe | |

Tagliare i peperoni e privarli dei semi.
Ammorbidire il formaggio mescolandolo con il latte, poi aggiungere i pinoli tritati, il pepe e le erbe aromatiche. Mettere il composto in una sacca da pasticcere e farcire sia i peperoni sia le foglie di insalata.
Pulire le carote e affettarle sottilmente nel senso della lunghezza, quindi spalmarle di formaggio con un coltello e arrotolarle su se stesse.
Disporre le verdure ripiene in un piatto da portata e servire.

# Uova & Frittate

# uova & frittate

*Le uova costituiscono un'ottima fonte proteica: va ricordato che se il tuorlo deve essere utilizzato con cautela, poiché ricco di acido arachidonico, l'albume invece è una fonte proteica ideale che non presenta alcun tipo di problema.*

*A volte è possibile utilizzare uova intere, ma qualora si rischi di eccedere con il consumo di tuorli, la soluzione può essere quella di ricorrere all'utilizzo dei soli albumi.*

*In realtà l'uso dell'albume offre molteplici vantaggi: si presta come base per cibi sia dolci che salati, tanto il sapore sarà determinato dall'alimento con il quale lo mescoleremo.*

*In commercio sono reperibili delle confezioni contenenti solo gli albumi.*

*Le frittate hanno il grande pregio di poter essere preparate in quantitativi superiori al necessario per essere consumate in momenti successivi.*

*È importante non dimenticarsi di abbinare sempre nelle corrette proporzioni i carboidrati necessari al bilanciamento (per esempio se una frittata è da 9 blocchi e va accompagnata con una macedonia, posso dividere la frittata in 3 parti in modo da ottenere 3 pasti da 3 blocchi, ma devo* necessariamente *dividere anche la macedonia nello stesso numero di parti per ottenere un bilanciamento corretto).*

# Frittata con Aragosta e Frutta Tropicale

**(6 BLOCCHI)**

*Bollire la polpa dell'aragosta, tagliarla a pezzettini e farla dorare in una padella con metà dell'olio e un po' di sale. Sbattere le uova e gli albumi e versarli sull'aragosta, mescolando. (Per il procedimento di cottura vedi Frittata classica in Zona a p. 164, oppure cuocere in forno preriscaldato a 180°C.) Tagliare l'ananas, il mango e la papaia a dadini. Mescolare il succo di lime con il dolcificante, i pinoli e pochissimo estratto di vaniglia. Lasciar riposare per un po', quindi unire alla frutta.*

| | |
|---|---|
| 3 uova | 3 P |
| 135 g di aragosta | 3 P |
| 90 g di ananas | 1 C |
| 390 g di papaia | 3 C |
| 180 g di mango | 2 C |
| 1 cucchiaio di olio | 3 G |
| 9 g di pinoli | 3 G |
| sale | |
| succo di lime | |
| dolcificante | |
| vaniglia | |

## FRITTATA CLASSICA IN ZONA

*(4 BLOCCHI)*

| | |
|---|---|
| 2 uova | 2 P |
| 4 albumi | 2 P |
| 300 g di pera | 3 C |
| 10 g di fruttosio | 1 C |
| 1 cucchiaio e 1 cucchiaino di olio | 4 G |
| sale | |
| pepe | |
| cannella | |
| succo di limone | |

Tagliare le pere a fettine sottilissime, disporle in un piatto e spolverarle di cannella. Mescolare il succo del limone con il fruttosio e rovesciarlo sulle pere. Coprire con una pellicola per alimenti e lasciar riposare.
Unire in una terrina le uova e gli albumi, salare, pepare e sbattere brevemente.
Scaldare l'olio in una padella. Quando sarà caldo, versare le uova. Appena il composto comincerà a rapprendersi, scuotere la padella per staccare la frittata dal fondo. Girarla con l'aiuto di un piatto e far dorare anche l'altro lato.
Servire le pere come dessert.

---

## FRITTATA CON POMODORO E SPECK

*(9 BLOCCHI)*

| | |
|---|---|
| 4 uova | 4 P |
| 2 albumi | 1 P |
| 100 g di speck tagliato a dadini | 4 P |
| 260 g di polpa di pomodoro | 1 C |
| 1 cucchiaio di cipolla tritata | |
| 360 g di arancia | 3 C |
| 300 g di pompelmo | 2 C |
| 30 g di uva sultanina | 3 C |
| 2 cucchiai di olio | 6 G |
| 3 noci | 3 G |
| basilico | |
| succo di limone | |
| sale | |
| pepe | |
| dolcificante | |

Far imbiondire la cipolla in una padella con 1 cucchiaio d'olio, aggiungere lo speck, cuocere per alcuni minuti, poi unire la polpa di pomodoro e il basilico tritato, lasciando sul fuoco per 3 minuti.
Sbattere le uova e gli albumi in una terrina con un po' di sale e pepe, quindi incorporare lo speck e la cipolla, mescolare e rovesciare nella padella calda. (Per il procedimento di cottura vedi Frittata classica in Zona in questa pagina.)
Tagliare le arance e il pompelmo a fettine. Disporle in un piatto da portata e aggiungere le noci, l'uva sultanina ammorbidita in acqua fredda e un po' di succo di limone dolcificato.

## FRITTATA CON POLLO

*(9 BLOCCHI)*

| | |
|---|---|
| 4 uova | 4 P |
| 2 albumi | 1 P |
| 120 g di petto di pollo lessato | 4 P |
| 135 g di peperoni | 1 C |
| 510 g di fragole | 3 C |
| 300 g di kiwi | 3 C |
| 180 g di ananas | 2 C |
| 2 cucchiai di olio | 6 G |
| 9 g di pinoli | 3 G |
| 1 cucchiaio di yogurt | |
| sale | |
| pepe | |

Tagliare i peperoni e il pollo a striscioline. Mettere l'olio in una padella e versarvi prima il peperone e subito dopo il pollo. Lasciar cuocere per alcuni minuti.

In una terrina, sbattere le uova e gli albumi con sale e pepe, quindi unirli al pollo e ai peperoni, mescolando bene. (Per il procedimento di cottura vedi Frittata classica in Zona a p. 164.)

Frullare tutta la frutta con i pinoli e lo yogurt. Dividere nelle quantità necessarie.

---

## FRITTATA CON I FUNGHI

*(4 BLOCCHI)*

| | |
|---|---|
| 2 uova | 2 P |
| 4 albumi | 2 P |
| 300 g circa di funghi porcini freschi | |
| 350 g di mirtilli | 2 C |
| 260 g di albicocche | 2 C |
| 1 cucchiaio e 1 cucchiaino di olio | 4 G |
| sale | |
| pepe | |

Tagliare i funghi a pezzettini e rosolarli in una padella con olio, sale e pepe.

Sbattere le uova e gli albumi, salando e pepando, se necessario. Versare il composto nella padella dei funghi, mescolando un attimo. (Per il procedimento di cottura vedi Frittata classica in Zona a p. 164.)

Completare il bilanciamento con la frutta.

# Torta Salata con Cavolfiore

(6 BLOCCHI)

| | |
|---|---|
| 3 uova | 3 P |
| 2 albumi | 1 P |
| 40 g di Grana Padano | 2 P |
| 330 g di cavolfiore | 1 C |
| 60 g di mais | 2 C |
| 300 g di kiwi | 3 C |
| 2 cucchiai di olio | 6 G |
| erbe aromatiche | |
| sale | |
| pepe | |

*Cuocere il cavolfiore al vapore, dividerlo in cimette e farlo appassire in una padella con 1 cucchiaio d'olio. Trasferirlo in una pirofila da forno spennellata con un filo d'olio. A parte, sbattere le uova e gli albumi con il Grana Padano, le erbe aromatiche, il sale e il pepe. Versare il tutto sul cavolfiore e infornare a 180°C, lasciando cuocere fino a quando la torta avrà assunto un colore dorato. Se non vi fosse possibile utilizzare il forno, cucinate il composto seguendo le indicazioni della Frittata classica in Zona a p. 164. Servire con il mais. Completare il bilanciamento con i kiwi.*

## (4 BLOCCHI)

## FRITTATA CON LE CIME DI RAPA

| | |
|---|---|
| 3 uova | 3 P |
| 2 albumi | 1 P |
| 225 g di cime di rapa | ½ C |
| 80 g di scalogno | ½ C |
| 180 g di uva | 3 C |
| 1 cucchiaio e 1 cucchiaino di olio | 4 G |
| sale | |
| pepe | |
| prezzemolo | |

Cuocere le cime di rapa al vapore, saltarle in una padella con metà dell'olio e lo scalogno affettato, poi aggiungere il prezzemolo, il sale e il pepe.
Sbattere le uova e gli albumi con sale e pepe e unirli alle cime di rapa. (Per il procedimento di cottura vedi Frittata classica in Zona a p. 164.)
Finire di bilanciare con l'uva.

---

## (6 BLOCCHI)

## FRITTATA CON GLI ASPARAGI

| | |
|---|---|
| 3 uova | 3 P |
| 6 albumi | 3 P |
| 400 g di asparagi | 2 C |
| 680 g di fragole | 4 C |
| 2 cucchiai di olio | 6 G |
| sale | |
| pepe | |

Portare a bollore l'acqua in una pentola alta. Immergervi gli asparagi sistemati in piedi, in modo che le punte rimangano fuori dell'acqua. Coprire e cuocere fino a quando le punte saranno tenere (10-12 minuti circa). Scolare, eliminare la parte bianca fibrosa e tagliare le punte degli asparagi a pezzettini. Una volta raffreddati, farli dorare in una padella con metà dell'olio.
Sbattere le uova e gli albumi con il sale e il pepe, quindi rovesciarli sugli asparagi, mescolando delicatamente. (Per il procedimento di cottura vedi Frittata classica in Zona a p. 164.)
Completare con un frullato di fragole.

**(4 BLOCCHI)**

## FRITTATA CON I TARTUFI D'ALBA

| | |
|---|---|
| 2 uova | 2 P |
| 4 albumi | 2 P |
| 270 g di mela | 3 C |
| 10 g di uva sultanina | 1 C |
| 1 cucchiaio e | |
| 1 cucchiaino di olio | 4 G |
| 15 g di tartufo d'Alba | |
| sale | |
| limone | |
| cannella | |
| dolcificante | |

Grattugiare il tartufo in una terrina con l'apposito strumento. A parte, sbattere le uova e gli albumi aggiungendo il sale, quindi unirli delicatamente al tartufo.

Mettere l'olio in una padella e versarvi il composto per la frittata. (Per il procedimento di cottura vedi Frittata classica in Zona a p. 164.)

Tagliare le mele a cubetti, aggiungere il succo di limone, la cannella e il dolcificante. Dopo avere ammorbidito l'uva sultanina in acqua fredda, scolarla e aggiungerla alla frutta. Lasciar riposare 1 ora prima di servire.

---

**(6 BLOCCHI)**

## UOVA ALLA SALVIA

| | |
|---|---|
| 2 uova sode | 2 P |
| 4 albumi sodi | 2 P |
| 120 g di mais | 4 C |
| 1 cucchiaio e | |
| 1 cucchiaino di olio | 4 G |
| 50 g di cracker bilanciati | 2 P+2 C+2 G |
| 30 g di capperi | |
| sale | |
| foglie di salvia | |
| succo di limone | |

Ammorbidire i cracker nel succo di limone. Lavare i capperi sotto l'acqua fresca, poi tritarli con la salvia, i cracker ammorbiditi, l'olio e un po' di sale. Se necessario, frullare il tutto.

Tritare le uova sode. Disporre la salsa di salvia sul fondo di un piatto, versandovi sopra il trito di uova e il mais.

# FRITTATA CON PEPERONI, MELANZANE, E CARCIOFI

(6 BLOCCHI)

*Tagliare le melanzane a fette sottili, cospargerle di sale e metterle in un colapasta a perdere l'acqua. Togliere i semi dal peperone, tagliarlo a spicchi e abbrustolirlo su una piastra bollente senza olio. Pulire i carciofi eliminando tutte le foglie dure e tagliarli a tocchetti, quindi immergerli in acqua e succo di limone. Mettere sul fuoco una casseruola con 1 cucchiaio d'olio, i carciofi, sale, pepe e un po' d'acqua, lasciando cuocere per alcuni minuti. Aggiungere i peperoni e le melanzane, salare, pepare e ultimare la cottura, aggiungendo, se necessario, dell'acqua. Sbattere le uova e gli albumi in una terrina con un po' di sale e pepe. Togliere le verdure dalla casseruola e tritare le melanzane e i carciofi. Aggiungere alle uova i peperoni, le melanzane e i carciofi tritati, mescolando bene. (Per il procedimento di cottura vedi Frittata classica in Zona a p. 164.) Per completare l'apporto di carboidrati, accompagnare con l'ananas tagliato a fette sottili.*

| | |
|---|---|
| 4 uova | 4 P |
| 4 albumi | 2 P |
| 135 g di peperoni | 1 C |
| 350 g di melanzane | 1 C |
| 360 g di carciofi | 1 C |
| 270 g di ananas | 3 C |
| 2 cucchiai di olio | 6 G |
| succo di limone | |
| sale | |
| pepe | |

### (6 BLOCCHI)

## *FRITTATA CON POMODORO E MOZZARELLA*

| | |
|---|---|
| 2 uova | 2 P |
| 2 albumi | 1 P |
| 100 g di mozzarella | 3 P |
| 260 g di polpa di pomodoro | 1 C |
| 180 g di uva | 3 C |
| 180 g di ananas | 2 C |
| 2 cucchiai di olio | 6 G |
| sale | |
| pepe | |

Tagliare la polpa di pomodoro a cubetti e scolarla bene.
In una terrina, sbattere le uova con gli albumi e un po' di sale e pepe.
Tagliare la mozzarella a striscioline.
Mettere l'olio in una padella, unire il pomodoro e cuocere alcuni minuti. Versare le uova e gli albumi. Appena iniziano a rapprendersi, rovesciare al centro metà della mozzarella. Quando il tutto si sarà amalgamato, girare la frittata e versarci sopra la mozzarella rimasta.
Finire di bilanciare i carboidrati con la frutta.

---

### (6 BLOCCHI)

## *FRITTATA DI GRANA PADANO E PROSCIUTTO CON PERA, MELA E UVA SULTANINA*

| | |
|---|---|
| 2 uova | 2 P |
| 4 albumi | 2 P |
| 20 g di Grana Padano | 1 P |
| 30 g di prosciutto cotto | 1 P |
| 200 g di pera | 2 C |
| 180 g di mela | 2 C |
| 20 g di uva sultanina | 2 C |
| 1 cucchiaio di olio | 3 G |
| 9 g di pinoli | 3 G |
| sale | |
| pepe | |
| dolcificante | |
| succo di limone | |

Unire in una terrina le uova, gli albumi, il prosciutto e il Grana Padano grattugiato, salare, pepare e sbattere con un cucchiaio di legno. Versare l'olio in una padella e, una volta caldo, aggiungere il composto della frittata. (Per il procedimento di cottura vedi Frittata classica in Zona a p. 164 pagina.)
Tagliare le mele e le pere a cubetti, unire il succo di limone, l'uva sultanina precedentemente ammorbidita in acqua fredda e i pinoli. Dolcificare a piacere.

## FRITTATA ALLA SALVIA E MACEDONIA DI FRUTTA

### (9 BLOCCHI)

| | |
|---|---|
| 4 uova | 4 P |
| 2 albumi | 1 P |
| 80 g di grana | 4 P |
| 120 g di uva | 2 C |
| 180 g di ananas | 2 C |
| 300 g di pesche | 2 C |
| 30 g di uva sultanina | 3 C |
| 1 cucchiaio di olio | 3 G |
| 18 mandorle affettate | 6 G |
| sale | |
| pepe | |
| dolcificante | |
| succo di lime | |
| foglie di salvia | |
| basilico | |

Battere le uova con sale e pepe.

Tritare le foglie di basilico e quelle di salvia. Aggiungere il trito e il grana alle uova mescolando bene. (Per procedimento cottura vedi ricetta Frittata classica in Zona a p. 164.)

Tagliare la frutta a pezzi piccoli, ammorbidire l'uva sultanina nell'acqua fredda e poi unire il tutto alle mandorle affettate.

Coprire con succo di lime nel quale avrete sciolto il dolcificante.

---

## FRITTATA CON LO SCALOGNO

### (3 BLOCCHI)

| | |
|---|---|
| 1 uovo | 1 P |
| 4 albumi | 2 P |
| 160 g di scalogno | 1 C |
| 60 g di mais | 2 C |
| 1 cucchiaio di olio | 3 G |
| sale | |
| pepe | |
| brodo vegetale q.b. | |

Mettere lo scalogno tagliato sottile in una padella antiaderente con l'olio e un po' di brodo vegetale, cuocendo a fiamma bassissima fino a ottenere un composto molto morbido.

Sbattere l'uovo e gli albumi con il sale e il pepe, quindi versarli nella padella mescolando rapidamente. (Per il procedimento di cottura vedi Frittata classica in Zona a p. 164.)

Servire accompagnata dal mais.

# *La* SOIA

# la soia

*Anche i vegetariani possono tranquillamente seguire la Zona,*
*in quanto le proteine vegetali derivate dalla soia costituiscono*
*una valida alternativa a quelle animali.*
*Qui di seguito troverete alcune idee.*
*I derivati della soia indicati nelle ricette sono reperibili*
*nei negozi di alimenti biologici.*

# Spiedini al tofu

(6 BLOCCHI)

| | |
|---|---|
| 510 g di tofu | 6 P |
| 130 g di pomodori | ½ C |
| 200 g di zucchine | ⅓ C |
| 225 g di mele | 2 e ½ C |
| 240 g di ananas | 2 e ⅔ di C |
| 2 cucchiai di olio | 6 G |
| il succo di 1 limone | |
| erbe aromatiche | |
| sale | |

*Tagliare il tofu, i pomodori e le zucchine a cubetti e mettere il tutto a marinare con olio, sale, erbe aromatiche e limone per 4 ore. Tagliare le mele e l'ananas a cubetti. Infilzare i pezzetti di tofu e di frutta e verdura su spiedini di legno, alternandoli. Cuocere sulla griglia.*

## INSALATA CON TEMPEH E MELE

**(6 BLOCCHI)**

| | |
|---|---|
| 180 g di tempeh | 6 P |
| 300 g di broccoli | 1 C |
| 240 g di carote | 2 C |
| 330 g di cavolfiore | 1 C |
| 180 g di mele a cubetti | 2 C |
| 2 cucchiai di olio | 6 G |
| 2 cucchiai di salsa di soia | |

In una padella antiaderente, rosolare il tempeh con l'olio. Mescolare a fuoco alto per alcuni minuti, aggiungendo un po' d'acqua, sino a coprire il fondo della padella. Mettere un coperchio e cuocere per 30 minuti a fuoco medio.
Aggiungere la salsa di soia e cuocere altri 5 minuti, quindi togliere il coperchio e lasciar evaporare l'eventuale liquido in eccesso.
Cuocere le carote in acqua bollente, dopo averle tagliate a striscioline. Scolarle e nella stessa acqua mettere a cuocere i broccoli. Quando saranno pronti, toglierli e conservare l'acqua di cottura, nella quale si cuocerà il cavolfiore. Scolare anche il cavolfiore e aggiungere tutte le verdure al tempeh.
Sbucciare la mela, tagliarla a dadini e unirla all'insalata. Mescolare e servire.

---

## SALSA DI TEMPEH CON CIPOLLE

**(6 BLOCCHI)**

| | |
|---|---|
| 180 g di tempeh | 6 P |
| 160 g di cipolla | 1 C |
| 10 g di fruttosio | 1 C |
| 260 g di pomodoro | 1 C |
| 100 g di rucola | ½ C |
| 175 g di fagioli cannellini in scatola | 2 e ½ C |
| 2 cucchiai di olio | 6 G |
| 400 g d'acqua | |
| sale | |

Sciogliere nell'acqua il fruttosio con 1 pizzico di sale.
Tagliare il tempeh a pezzettini, la cipolla a fettine, il pomodoro (privato dei semi) a cubetti, aggiungere i fagioli e l'olio, mescolare e versare nell'acqua con il fruttosio. Cuocere a fuoco lento fino all'evaporazione del liquido. Verso fine cottura, aggiungere la rucola tritata grossolanamente. Infine, frullare tutti gli ingredienti.
Potete utilizzare questa salsa bilanciata come preferite.
N.B. Questa preparazione può essere consumata come accompagnamento per altre pietanze (calcolando che sono 6 blocchi completi), oppure può essere spalmata sui cracker bilanciati (25 g di cracker = 1P+1C+1G, ai quali aggiungere 1 o più blocchi costituiti da questa salsa).

## STUFATO DI SEITAN

*(2 x 4 BLOCCHI)*

| | |
|---|---|
| 280 g di seitan | 8 P |
| 160 g di cipolla | 1 C |
| 120 g di carote tagliate a rondelle sottili | 1 C |
| 260 g di pomodori tagliati a dadini e privati dei semi | 1 C |
| 30 g di mais | 1 C |
| 200 g di kiwi | 2 C |
| 260 g di arancia | 2 C |
| 2 cucchiai e 2 cucchiaini di olio | 8 G |
| rosmarino | |
| fruttosio | |
| il succo di 1 limone | |
| sale | |

Sbucciare la cipolla e affettarla sottilmente. Cuocerla nell'olio finché diventerà trasparente, quindi versare nella padella le carote, i pomodori, il seitan tagliato a pezzettini e rosolare per alcuni minuti. Unire il rosmarino e un po' d'acqua, portare a ebollizione, coprire e cuocere a fiamma bassa per 20 minuti circa. Verso fine cottura incorporare il mais, aggiungendo eventualmente un po' di sale o di gomasio.

Nel frattempo sbucciare il kiwi e l'arancia, tagliarli a fettine e irrorarli con il succo di limone in cui si sarà sciolto un po' di fruttosio. Lasciar riposare.

Dividere sia lo stufato sia la macedonia in due parti, in modo da ottenere 2 pasti da 4 blocchi ciascuno.

---

## TOFU "STROPICCIATO" CON UVETTA

*(6 BLOCCHI)*

| | |
|---|---|
| 500 g di tofu | 6 P |
| 120 g di carote | 1 C |
| 160 g di cipolla | 1 C |
| 40 g di uva sultanina | 4 C |
| 2 cucchiai di olio | 6 G |
| 2 cucchiaini di semi di sesamo | |
| 2 cucchiaini di salsa di soia | |
| brodo vegetale q.b. | |

Tagliare la cipolla a fettine, grattugiare le carote e mettere entrambe a dorare in una padella con l'olio per alcuni minuti.

Sbriciolare il tofu nella padella, aggiungendo il sesamo, la salsa di soia e l'uva sultanina precedentemente ammorbidita in acqua fredda. Cuocere finché il tofu assumerà un colore dorato. Se le verdure tendessero ad attaccarsi, bagnare con un po' di brodo vegetale.

# Insalata allegria

(3 BLOCCHI +1)

| | |
|---|---|
| 255 g di tofu | 3 P |
| 80 g di mirtilli | ½ C |
| 70 g di ribes | ½ C |
| 10 g di uvetta | 1 C |
| 70 g di mango | 1 C |
| 200 g di misticanza | |
| 25 g di cracker bilanciati | 1 P+1 C+1 G |
| 1 cucchiaio di olio | 3 G |
| il succo di 1 limone | |
| sale | |

*Tagliare la polpa del mango a striscioline in un'insalatiera e unire l'olio, il limone, l'uvetta, un po' di sale e il tofu tagliato a cubetti e precedentemente saltato sulla piastra per qualche minuto. Aggiungere la misticanza e i frutti di bosco e mescolare. Nel caso in cui si voglia arrivare al quarto blocco, utilizzare i 25 g di cracker bilanciati.*

### (3 BLOCCHI)

| | |
|---|---|
| 255 g di tofu | 3 P |
| 120 g di carote | 1 C |
| 70 g di peperoni | ½ C |
| 130 g di pomodori | ½ C |
| 150 g di ravanelli | ⅓ C |
| 150 g di cetrioli | ⅓ C |
| 120 g di sedano | ⅓ C |
| 1 cucchiaio di olio | 3 G |
| 2 cucchiai di aceto di mele | |
| 2 cucchiai di senape | |
| salsa di soia | |
| brodo vegetale q.b. | |

### PINZIMONIO CON SALSA DI SOIA

Frullare il tofu con l'olio, l'aceto, la senape, la salsa di soia e il brodo per qualche minuto.
Tagliare le verdure a pezzetti e servirle con la salsa.

### (3 BLOCCHI)

| | |
|---|---|
| 255 g di tofu | 3 P |
| 270 g di mele | 3 C |
| 1 cucchiaio di olio | 3 G |
| 1 cucchiaio di salsa di soia | |
| 1 cucchiaino di aceto balsamico | |
| brodo vegetale q.b. | |

### CARPACCIO DI MELE E TOFU CON SOIA

Lavare le mele, aprirle a metà senza sbucciarle, togliere i semi e tagliarle a fettine sottili.
Unire in una ciotolina la salsa di soia, l'olio e l'aceto balsamico, emulsionando bene.
Tagliare il tofu a cubetti e rosolarlo in una padella con un po' di brodo vegetale.
Disporre in un piatto le fette di mela e cospargerle con i cubetti di tofu e la salsina.

## TARASSACO, MAIS E TOFU

*(3 BLOCCHI)*

| | |
|---|---|
| 255 g di tofu | 3 P |
| 245 g di tarassaco | 1 C |
| 30 g di mais | 1 C |
| 90 g di ananas | 1 C |
| 1 cucchiaio di olio | 3 G |
| brodo vegetale q.b. | |
| sale | |

Lavare e scolare il tarassaco. Tagliarlo finemente e rosolarlo in una padella con del brodo vegetale, mescolando in continuazione per qualche minuto.
In un'altra padella mettere il tofu e l'ananas tagliati a cubetti e il mais, e rosolarli in un po' d'acqua.
Unire il tarassaco, cuocere pochi minuti e togliere dal fuoco.
Condire con olio e sale.

---

## TOFU ALLA GRIGLIA

*(3 BLOCCHI )*

| | |
|---|---|
| 255 g di tofu | 3 P |
| 510 g di fragole | 3 C |
| 9 g di pinoli | 3 G |
| erbe aromatiche | |
| alcune foglie di menta | |
| 1 cucchiaio di gomasio | |
| 1 litro di brodo vegetale | |

Cuocere per 10 minuti il tofu nel brodo vegetale, di cui si terranno da parte 3 cucchiai da mettere nel mixer. Lasciar raffreddare.
Mettere nel mixer il tofu, le erbe aromatiche e il gomasio e frullare sino a ottenere un composto omogeneo.
Dividere il composto in polpettine e cuocerle sulla piastra rovente.
Frullare le fragole, passarle al setaccio e guarnirle con foglioline di menta e pinoli.

# Le Insalate

# le insalate

*Le insalate sono una delle soluzioni più semplici da adottare,*
*sia per la velocità di preparazione sia per la facilità di abbinamento degli ingredienti.*
*La scelta proteica può benissimo ricadere sul gruppo delle proteine magre,*
*dal momento che le maggiori caratteristiche dei piatti saranno dovute alla scelta*
*dei carboidrati utilizzati. Ricordiamo che il succo di limone non viene*
*calcolato, essendo impiegato in quantità esigua.*
*Se volete aumentare di un blocco la porzione stabilita*
*potete farlo utilizzando i cracker bilanciati.*

# Insalata di limoni e finocchi

(6 BLOCCHI)

*Affettare i finocchi. Eliminare le estremità dei limoni, quindi tagliarli a spicchi abbastanza sottili. Mettere l'olio in una casseruola, unire i finocchi e i limoni e cuocere fino a quando si saranno asciugati (5 minuti circa). Versare nella casseruola il vino bianco e lasciarlo ridurre della metà. Coprire i finocchi e i limoni d'acqua, aggiungendo il sale, il pepe e i semi di sesamo. Cuocere per circa 20 minuti, poi spegnere il fuoco, unire i cubetti di pera mescolandoli al resto e lasciare il tutto coperto fino a quando si sarà raffreddato. Prima di servire, ultimare con l'uva sultanina ammorbidita in acqua fredda e la feta tagliata a cubetti.*

| | |
|---|---|
| 270 g di feta | 6 P |
| 900 g di finocchi | 1 C |
| 200 g di pere | 2 C |
| 20 g di uva sultanina | 2 C |
| 400 g di limone | 1 C |
| 2 cucchiai di olio | 6 G |
| 300 g di vino bianco | |
| 1 cucchiaio di semi di sesamo | |
| sale | |
| pepe | |

# Insalata di pollo, pompelmo e uva sultanina

(6 blocchi)

*Tritare grossolanamente la rucola e la lattuga. Pelare il pomodoro al vivo e affettarlo. Grattugiare le carote. Mettere l'uva sultanina ad ammorbidire in acqua fredda. Tagliare i pomodori verdi a fettine, quelli ciliegina a metà e il pollo a strisce. Unire tutti gli ingredienti in un'insalatiera e condire con un'emulsione di olio, sale e succo di limone.*

| | |
|---|---|
| 180 g di pollo allo spiedo | 6 P |
| 230 g di rucola | 1 C |
| 150 g di pompelmo rosa | 1 C |
| 120 g di carote | 1 C |
| 160 g di pomodori verdi | ½ C |
| 130 g di pomodori ciliegina | ½ C |
| 20 g di uva sultanina | 2 C |
| 2 cucchiai di olio | 6 G |
| lattuga | |
| succo di limone | |
| sale | |

## INSALATA CROCCANTE DI TONNO

**(3 BLOCCHI)**

| | |
|---|---|
| 90 g di tonno in scatola ben sgocciolato | 3 P |
| 140 g di fagioli cannellini | 2 C |
| 250 g di ravanelli | ½ C |
| 190 g di sedano | ½ C |
| 1 cucchiaio di olio | 3 G |
| aceto di mele | |
| sale | |
| pepe | |

Preparare una vinaigrette emulsionando l'olio, l'aceto, il sale e il pepe. Versarla sui fagioli, mescolare e lasciar riposare.

Tagliare i ravanelli a rondelle e il sedano a listarelle. Unirli ai fagioli, aggiungendo il tonno.

---

## INSALATA DI ALICI E CANNELLINI

**(3 BLOCCHI)**

| | |
|---|---|
| 90 g di filetti di alici | 3 P |
| 190 g di fagiolini verdi | ½ C |
| 80 g di scalogno | ½ C |
| 140 g di fagioli cannellini | 2 C |
| 1 cucchiaio di olio | 3 G |
| prezzemolo tritato | |
| 2 cucchiai di aceto balsamico bianco | |
| sale | |
| pepe | |

Cuocere i fagiolini verdi al vapore e tenerli da parte. Tritare lo scalogno, lavare i filetti di alici e tritarli finemente.

Mettere l'olio in una casseruola, farvi imbiondire lo scalogno, quindi aggiungere il trito di alici, il prezzemolo, i fagioli, l'aceto balsamico, il sale e il pepe, cuocendo per alcuni minuti.

Versare il condimento sui fagiolini e lasciar marinare almeno 30 minuti.

## (3 BLOCCHI)

## INSALATA CON RADICCHIO, UOVA E POMPELMO

| | |
|---|---|
| 2 uova sode | 2 P |
| 2 albumi sodi | 1 P |
| 150 g di pompelmo rosa | 1 C |
| 200 g di succo d'arancia | 2 C |
| 1 cucchiaio di olio | 3 G |
| 1 cespo di radicchio di media grandezza | |
| 1 cucchiaio di senape | |
| scorza d'arancia grattugiata | |
| sale | |
| pepe | |

Tagliare il radicchio a striscioline. Pelare il pompelmo al vivo e tagliarlo a spicchi.
Emulsionare l'olio, il succo d'arancia, la senape, la scorza d'arancia, il sale e il pepe fino a ottenere una salsina omogenea.
Unire il radicchio al pompelmo, aggiungere le uova e gli albumi precedentemente tritati e condire con l'emulsione.

---

## (6 BLOCCHI)

## VERDURE AL FORNO IN INSALATA GRECA

| | |
|---|---|
| 270 g di feta | |
| tagliata a dadini | 6 P |
| 650 g di zucchine affettate sottili | 1 C |
| 320 g di cipolle | |
| affettate sottili | 2 C |
| 260 g di peperoni | |
| tagliati a striscioline | 2 C |
| 260 g di pomodori maturi | |
| tagliati a dadini | 1 C |
| 1 cucchiaio di olio | 3 G |
| 9 olive nere snocciolate | 3 G |
| aceto balsamico | |
| erbe aromatiche | |
| sale | |
| pepe | |

Riscaldare il forno a 200°C.
Preparare una teglia ricoperta da carta da forno. Disporre la verdura tagliata sulla teglia, spruzzandola con un po' d'olio e unendo le erbe aromatiche, sale e pepe. Cuocere fino a quando le verdure diventeranno dorate (circa 20 minuti).
Aggiungere l'aceto balsamico, le olive e la feta e cuocere altri 10 minuti. Servire caldo.
N.B. Dato l'elevato apporto di sodio della feta, questa può essere sostituita con 210 g di mozzarella.

# Piattini di rucola e formaggio

(6 BLOCCHI)

| | |
|---|---|
| 80 g di Parmigiano Reggiano | 4 P |
| 60 g di petto di pollo affumicato | 2 P |
| 230 g di rucola | 1 C |
| 240 g di carote | 2 C |
| 260 g di pomodori maturi | 1 C |
| 200 g di pere | 2 C |
| 2 cucchiai di olio | 6 G |
| 2 cucchiai di aceto di vino bianco | |
| sale | |
| pepe | |

*Riscaldare il grill. Sistemare sulla placca un foglio di carta da forno. Grattugiare grossolanamente il Parmigiano Reggiano e disporlo sulla placca formando due cerchi del diametro di circa 10 cm. Infornare e cuocere fino a quando il formaggio assumerà un colore dorato e un aspetto croccante. Tagliare la rucola a pezzi grossi e le carote a bastoncino. Sbucciare le pere e tagliarle a cubetti. Preparare una salsa con l'aceto, 1 cucchiaio d'olio, sale e pepe. Emulsionare, cospargere sulla rucola, sulle carote e sulle pere e lasciar riposare per 20 minuti. Tagliare a spicchi i pomodori e rosolarli in una padella antiaderente con 1 cucchiaio d'olio. Sovrapporre le fette di petto di pollo e tagliarle a striscioline. Disporre i dischi di formaggio nei piatti, rovesciarvi le verdure con la pera, i pomodori e le striscioline di pollo.*

# INSALATA DI TACCHINO E FRUTTA

(3 BLOCCHI)

| | |
|---|---|
| 90 g di tacchino affumicato | 3 P |
| 250 g di ravanelli | ½ C |
| 135 g di mele | 1 e ½ C |
| 135 g di ribes | 1 C |
| 1 cucchiaio di olio | 3 G |
| 2 cucchiai di aceto di mele | |
| sale | |
| pepe | |

*Emulsionare bene l'olio e l'aceto con sale e pepe. In una terrina, tagliare i ravanelli a rondelle, le mele a cubetti e il tacchino a strisce, aggiungere il ribes, mescolare e condire con la salsina.*

## INSALATA DI INDIVIA, GAMBERETTI E ARANCIA

**(6 BLOCCHI)**

| | |
|---|---|
| 300 g di gamberetti | 6 P |
| 330 g di indivia | 1 C |
| 150 g di pompelmo | 1 C |
| 240 g di arancia | 2 C |
| 135 g di ribes | 1 C |
| 90 g di ananas | 1 C |
| 2 cucchiai di olio | 6 G |
| 1 limone | |
| sale | |
| pepe | |

Tagliare l'indivia a striscioline.
Grattugiare la scorza dell'arancia e del limone. Pelare l'arancia e il pompelmo al vivo, togliendo bene tutte le pellicine, e tagliarli a pezzettini.
In una ciotola unire l'olio, il succo di limone, la scorza d'arancia e quella di limone, il sale, il pepe ed emulsionare bene. Rovesciare la salsina sui gamberetti e lasciar marinare per 15 minuti.
Aggiungere l'indivia, l'ananas, il ribes, l'arancia e il pompelmo, mescolando con cura.

---

## INSALATA ALL'ANANAS

**(6 BLOCCHI)**

| | |
|---|---|
| 180 g di feta tagliata a cubetti | 4 P |
| 230 g di germogli di soia | 2 P |
| 540 g di ananas | 6 C |
| 1 cespo di lattuga | |
| 2 cucchiai di olio | 6 G |
| succo di limone | |
| sale | |
| pepe | |

Tagliare la lattuga a striscioline e l'ananas a dadini. Lavare accuratamente i germogli di soia.
Unire in una ciotola l'olio, il limone, il sale e il pepe ed emulsionare bene.
Mescolare in una terrina la feta, l'ananas, la lattuga e i germogli.
Versarci sopra il condimento e servire.

il

MICROONDE

# il microonde

*Questa sezione è dedicata a chi ha veramente i minuti contati.*
*Vi propone piatti semplici ma gustosi, che permettono di variare l'alimentazione e richiedono un impegno minimo.*
*Sono soluzioni pensate per pasti veloci, quindi la scelta delle proteine o dei carboidrati necessari per completare il bilanciamento è molto semplice. Nelle ricette si è fatto ricorso a fonti proteiche pronte (bresaola, prosciutto cotto, mozzarella e così via), nonché a carboidrati semplicissimi, quali frutti facilmente reperibili in ogni stagione (mele, pere, ananas, kiwi eccetera).*
*Il vantaggio offerto dal microonde è la rapidità di cottura delle verdure, per cui è possibile preparare anche molte frittate, per esempio di verdure, in tempo record.*

# FINOCCHI MEDITERRANEI

(6 BLOCCHI)

| | |
|---|---|
| 270 g di feta | 6 P |
| 900 g di finocchi | 1 C |
| 300 g di salsa di pomodoro | 1 C |
| 240 g di arancia | 2 C |
| 200 g di clementine | 2 C |
| 2 cucchiai di olio | 6 G |
| sale | |
| pepe | |

*Tagliare i finocchi a fettine sottili. Metterli in una teglia con l'olio, il sale e il pepe e cuocere a potenza massima per 30 secondi. Rovesciarvi sopra la salsa di pomodoro e la feta. Rimettere nel microonde e cuocere per altri 5 o 6 minuti. Servire i finocchi accompagnati dalle arance e dalle clementine.*

## (6 BLOCCHI)

## ASPARAGI FILANTI

| | |
|---|---|
| 90 g di prosciutto cotto | 3 P |
| 90 g di sottilette light | 3 P |
| 300 g di asparagi | 1 C |
| 340 g di fragole | 2 C |
| 300 g di kiwi | 3 C |
| 2 cucchiai di olio | 6 G |
| sale | |
| pepe | |

Eliminare la parte fibrosa degli asparagi e metterli in una pirofila con l'olio, il sale e 3 cucchiai d'acqua.
Coprire e cuocere per circa 10 minuti. Quando risulteranno ben cotti, cospargerli con il prosciutto cotto tritato e le sottilette tagliate a strisce, coprire e cucinare per 1 minuto.
Come bilanciamento, aggiungere le fragole e il kiwi.

---

## (6 BLOCCHI)

## FRITTATA CON LE ZUCCHINE

| | |
|---|---|
| 4 uova | 4 P |
| 4 albumi | 2 P |
| 320 g di zucchine | ½ C |
| 80 g di cipolle | ½ C |
| 450 g di ananas | 5 C |
| 2 cucchiai di olio | 6 G |
| prezzemolo | |
| sale | |
| pepe | |

Affettare sottilmente la cipolla e tagliare le zucchine a rondelle, quindi unirle in una pirofila con l'olio e cuocere in forno a potenza massima per 8 minuti.
Sbattere le uova e gli albumi con sale, pepe e prezzemolo tritato. Versare nella pirofila, coprire e cuocere a potenza massima per 6 minuti.
Completare con l'ananas.

---

## (3 BLOCCHI)

## PEPERONI DOLCI

| | |
|---|---|
| 210 g di formaggio light spalmabile | 3 P |
| 200 g di peperoni | 1 e ½ C |
| 10 g di fruttosio | 1 C |
| 80 g di cipolla | ½ C |
| 1 cucchiaio di olio | 3 G |
| brodo vegetale q.b. | |
| aceto | |
| sale | |
| pepe | |

Tritare finemente la cipolla, metterla in una pirofila con l'olio e passare in forno a potenza massima per 1 minuto.
Tagliare a strisce i peperoni, unirli alla cipolla e cuocere per 5 minuti.
Mescolare, salare, pepare, aggiungere il brodo vegetale e il fruttosio e proseguire la cottura per altri 5 minuti.
Spruzzare con l'aceto e servire con il formaggio.

### (4 BLOCCHI)

| | |
|---|---|
| 80 g di bresaola | 4 P |
| 400 g di cipolline | 4 C |
| 1 cucchiaio e 1 cucchiaino d'olio | 4 G |
| vino bianco | |
| succo di limone | |
| sale | |
| pepe | |

### CIPOLLINE AGRUMATE

Sbucciare le cipolline e asciugarle. Metterle in una pirofila con l'olio, il sale e il pepe e cuocere a potenza massima per 4 minuti.
Aggiungere 200 ml d'acqua e proseguire la cottura per altri 4 minuti. Unire il vino e cuocere ancora 6 minuti, oppure fino a quando le cipolline saranno tenere. Irrorare con il succo di limone e servire tiepido.
Questo piatto, a base di carboidrati, può essere facilmente completato con 80 g di bresaola.

---

### (6 BLOCCHI )

| | |
|---|---|
| 40 g di Grana Padano | 2 P |
| 2 uova | 2 P |
| 600 g di spinaci crudi | 2 C |
| 180 g di ananas | 2 C |
| 50 g di cracker bilanciati | 2 P+2 C+2 G |
| 12 mandorle tostate | 4 G |
| sale | |

### SPINACI CON LE MANDORLE

Lessare gli spinaci con la sola acqua rimasta dal lavaggio per 3 minuti a potenza massima. Strizzarli e frullarli.
Sbriciolare i cracker.
Unire agli spinaci il Grana Padano grattugiato, i cracker e 1 uovo alla volta. Mescolare bene.
Aggiungere le mandorle tostate e affettate e salare. Mettere il tutto in una pirofila e cuocere a potenza massima per 20 minuti.
Lasciar riposare.
Completare il bilanciamento dei carboidrati con l'ananas.

---

### (3 BLOCCHI)

| | |
|---|---|
| 2 uova | 2 P |
| 75 g di speck | 3 P |
| 280 g di invidia belga | 1 C |
| 240 g di uva | 4 C |
| 25 g di cracker bilanciati | 1 P+1 C+1 G |
| 1 cucchiaio e 2 cucchiaiani di olio | 5 G |
| succo di limone | |
| sale | |
| pepe | |

### INDIVIA CON SPECK

Mettere l'indivia in una pirofila, coprire e cuocere a potenza massima per 8 minuti.
Tritare le uova, lo speck e i cracker, versare il tutto in una pirofila, aggiungere l'olio e cuocere per 1 minuto. Salare, pepare, unire il succo di limone e cuocere per 50 secondi a potenza media. Mescolare la salsa e spalmarla sull'indivia.
Completare i carboidrati con l'uva.

## COMPOSTA DI SPINACI E PROSCIUTTO

**(6 BLOCCHI)**

| | |
|---|---|
| 105 g di mozzarella | 3 P |
| 3 uova | 3 P |
| 300 g di spinaci crudi | 1 C |
| 450 g di mele | 5 C |
| 2 cucchiai di olio | 6 G |
| sale | |
| pepe | |

Cuocere gli spinaci in forno, utilizzando l'acqua residua del lavaggio (3 minuti a potenza massima). Sistemarli in una pirofila con l'olio, il sale, il pepe e le 3 uova distanziate fra loro di qualche centimetro. Bucare il tuorlo e ricoprire con la mozzarella tagliata a dadini.
Rimettere in forno e cuocere a potenza massima per 2 minuti.
Per completare il bilanciamento sono stati scelti 5 miniblocchi di mela.

---

## CAVOLFIORE FILANTE

**(6 BLOCCHI)**

| | |
|---|---|
| 210 g di mozzarella | 6 P |
| 330 g di cavolfiore | 1 C |
| 200 g di pere | 2 C |
| 300 g di kiwi | 3 C |
| 2 cucchiai di olio | 6 G |
| sale | |
| pepe | |

Cuocere il cavolfiore diviso in cimette a potenza massima per 5 minuti, poi aggiungere l'olio, il sale, il pepe e la mozzarella e cuocere per almeno altri 5 minuti, oppure fino a quando la mozzarella sarà completamente fusa.
Bilanciare con pere e kiwi.

---

## CROSTINI AGLI SPINACI

**(6 BLOCCHI)**

| | |
|---|---|
| 50 g di cracker bilanciati | 2 P+2 C+2 G |
| 60 g di prosciutto cotto | 2 P |
| 70 g di mozzarella | 2 P |
| 300 g di spinaci crudi | 1 C |
| 270 g di ananas | 3 C |
| 2 cucchiaini di olio | 2 G |
| 6 olive snocciolate | 2 G |
| 2 cucchiai di latte | |
| sale | |

Tritare finemente il prosciutto e la mozzarella e grossolanamente gli spinaci. Mettere in una teglia l'olio, gli spinaci, il latte, un po' d'acqua e il sale. Coprire e cuocere a potenza massima per 5 minuti. Scoprire e cuocere ancora 1 minuto, oppure fino a quando gli spinaci saranno asciutti.
Disporre i cracker in un piatto. Distribuirvi sopra gli spinaci, il prosciutto, la mozzarella e le olive tagliate a pezzetti e mettere in forno per 40 secondi, fino a completa fusione della mozzarella.
Bilanciare con 270 g di ananas.

## POMODORI ALLA PARMIGIANA

*(4 BLOCCHI)*

| | |
|---|---|
| 140 g di mozzarella | 4 P |
| 260 g di pomodori perini | 1 C |
| 450 g di pesche | 3 C |
| 1 cucchiaio e 1 cucchiaino di olio | 4 G |
| sale | |

Tagliare i pomodori a metà e disporli in una pirofila con olio e sale. Tagliare a dadini la mozzarella e distribuirla sui pomodori. Cuocere a potenza massima per 4 minuti. Bilanciare con le pesche.

---

## FINOCCHI ALLA MOZZARELLA

*(3 BLOCCHI)*

| | |
|---|---|
| 105 g di mozzarella | 3 P |
| 450 g di finocchi | ½ C |
| 225 g di mele | 2 e ½ C |
| 1 cucchiaio d'olio | 3 G |
| sale | |

Tagliare i finocchi a fettine sottili. Disporli in una pirofila con l'olio, il sale e 150 ml d'acqua. Coprire con la pellicola e cuocere a potenza massima per 3 minuti.

Cospargere con la mozzarella tagliata a dadini e proseguire la cottura fino a quando si sarà completamente fusa.

Bilanciare i carboidrati con le mele.

---

## CARCIOFI CON LE UOVA

*(6 BLOCCHI)*

| | |
|---|---|
| 4 uova | 4 P |
| 40 g di Grana Padano | 2 P |
| 360 g di carciofi | 1 C |
| 300 g di uva | 5 C |
| 2 cucchiai di olio | 6 G |
| 2 cucchiai di yogurt bianco | |
| erbe aromatiche | |
| succo di limone | |
| sale | |

Eliminare le punte e le foglie fibrose dei carciofi e metterli in acqua acidulata con succo di limone. Disporli in una teglia, salarli e cuocerli a potenza media per 6 minuti.

Sbattere le uova con un po' di sale, aggiungendo le erbe aromatiche, il Grana Padano, l'olio e lo yogurt. Rovesciare la salsa ottenuta nei carciofi, coprire con una pellicola e infornare per 5 minuti.

Assicurarsi che i carciofi siano cotti e lasciar riposare alcuni minuti.

Per bilanciare, aggiungere 300 g di uva.

# Vellutata di zucchine e fave

(4 BLOCCHI)

| | |
|---|---|
| 60 g di Grana Padano | 3 P |
| 320 g di fave in scatola | 2 C |
| 320 g di zucchine | ½ C |
| 80 g di cipolla | ½ C |
| 1 cucchiaio di olio | 3 G |
| 200 g di yogurt bianco | 1 P+1 C+1 G |
| 300 ml di brodo vegetale | |
| sale | |

*Tritare la cipolla, metterla in una pirofila con l'olio e le zucchine tagliate a rondelle e cuocere a potenza massima per 8 minuti. Aggiungere metà del brodo e cuocere altri 5 minuti. Frullare, far raffreddare e mescolare con lo yogurt. Mettere le fave in un'altra pirofila, unire il resto del brodo e cuocere per 5 minuti a potenza massima. Servire la vellutata dopo averci versato sopra le fave e il Grana Padano.*

## (6 BLOCCHI)

| | |
|---|---|
| 20 g di Grana Padano | 2 P |
| 80 g di bresaola | 4 P |
| 80 g di cipolla | ½ C |
| 80 g di porro | ½ C |
| 24 g di farina di avena | 2 C |
| 510 g di fragole | 3 C |
| 2 cucchiai di olio | 6 G |
| 400 g di lattuga | |
| 300 ml di brodo vegetale | |
| sale | |
| pepe | |

## VELLUTATA DI LATTUGA CON BRESAOLA

In una pirofila, tritare la lattuga e affettare sottilmente la cipolla e il porro. Versarvi sopra la farina di avena e aggiungere poco alla volta il brodo vegetale, mescolando bene.
Coprire e cucinare a potenza massima per 15 minuti, mescolando di tanto in tanto. Lasciar raffreddare, salare, pepare e poi frullare.
Prima di servire, unire il Grana Padano e l'olio. Bilanciare con la bresaola e le fragole.

# *i* DOLCI

# i dolci

*Ebbene sì, la Zona, oltre a tutti i benefici elencati in precedenza, riesce a far perdere la massa grassa in maniera definitiva, permettendoci di gustare magnifici dessert senza compromettere i risultati ottenuti. Nelle diete tradizionali, basate sul conteggio calorico, è necessario introdurre meno calorie di quelle che si consumano, dando quindi pochissimo spazio a eventuali "sgarri", che provocano una regressione nei risultati davvero notevole. Quando si segue una strategia alimentare basata invece sull'equilibrio ormonale, le prospettive e le possibilità sono molto diverse. Rispettare la regola del 40/30/30 e quella del consumo di carboidrati favorevoli (al limite si fa ricorso alla frutta o al miele, mai alla farina, allo zucchero eccetera) non significa dover rinunciare al dessert.*

# Torta di ricotta agli agrumi

(9 BLOCCHI)

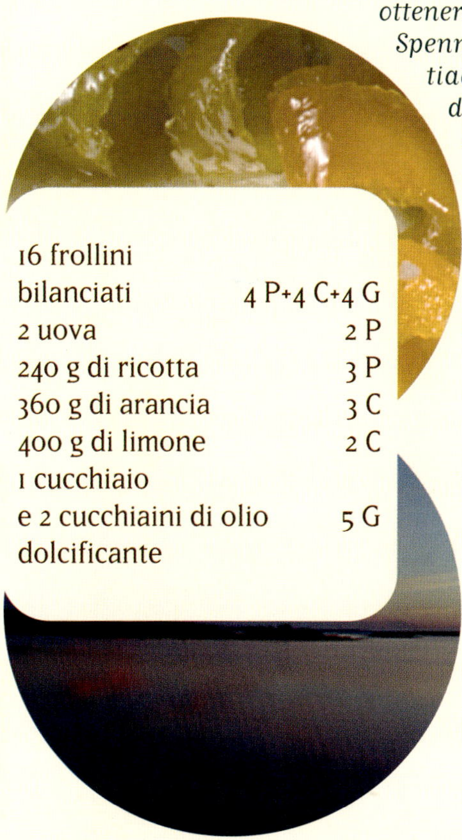

| | |
|---|---|
| 16 frollini bilanciati | 4 P+4 C+4 G |
| 2 uova | 2 P |
| 240 g di ricotta | 3 P |
| 360 g di arancia | 3 C |
| 400 g di limone | 2 C |
| 1 cucchiaio e 2 cucchiaini di olio | 5 G |
| dolcificante | |

*Schiacciare i frollini sino a ridurli in polvere. Metterli in una casseruola con l'olio e un po' d'acqua, scaldando fino a ottenere un composto morbido. Spennellare una tortiera antiaderente con un velo d'olio, versarvi il composto di biscotti formando un fondo compatto e cuocerli in forno già caldo a 150°C per 10 minuti. Mescolare la ricotta, il dolcificante, le uova, la scorza degli agrumi grattugiata e il loro succo. Rovesciare la crema nella tortiera e rimettete in forno per altri 40 minuti. Spegnere il forno e lasciar riposare per 1 ora, poi riporre in frigo per 2 ore. Dividere secondo le dosi desiderate e guarnire con scorze di agrumi tagliate a striscioline e arrotolate su se stesse.*

# Panna cotta in Zona

(8 BLOCCHI)

| | |
|---|---|
| 270 g di mascarpone | 3 P+8 G |
| 240 g di ricotta light | 3 P |
| 14 g di proteine in polvere Whey 90 | 2 P |
| 20 g di fruttosio | 2 C |
| 560 g di lamponi | 4 C |
| 240 g di arancia | 2 C |
| 10 g di colla di pesce | |
| estratto di vaniglia | |
| dolcificante (facoltativo) | |

*Unire in una casseruola il mascarpone, il fruttosio e la vaniglia. Scaldare a fuoco molto basso fino a quando il composto risulterà omogeneo. Lasciar raffreddare per almeno 20 minuti. Mescolare la colla di pesce con il succo delle arance e la scorza grattugiata. Quando la colla di pesce sarà ammorbidita, mettere il contenitore a bagnomaria e cuocere fino a ottenere un composto liquido e omogeneo. Nel frattempo, mescolare la ricotta e le proteine in polvere al mascarpone, quindi unire la colla di pesce. Dividere in formine a seconda delle quantità desiderate e lasciar riposare in frigo per 2 ore. Frullare i lamponi, passarli al setaccio, aggiungere eventualmente un po' di dolcificante e dividere la salsa in ugual numero di porzioni rispetto alla panna cotta. Al momento di servire, immergere gli stampini nell'acqua calda e rovesciare il contenuto in un piattino. Accompagnare con la salsa di lamponi. N.B. Questo dessert è particolarmente ricco di grassi. Consumare con moderazione!*

# Gelatina di fragole con crema di frutti di bosco

(6 BLOCCHI)

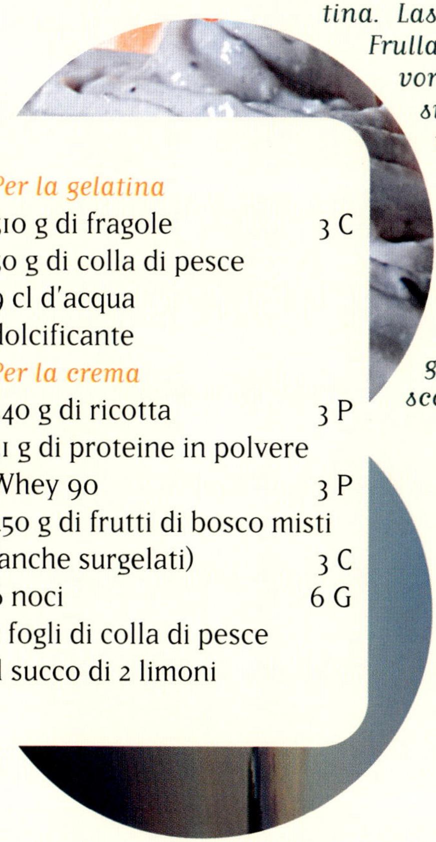

*Per la gelatina*

| | |
|---|---|
| 510 g di fragole | 3 C |
| 50 g di colla di pesce | |
| 9 cl d'acqua | |
| dolcificante | |

*Per la crema*

| | |
|---|---|
| 240 g di ricotta | 3 P |
| 21 g di proteine in polvere Whey 90 | 3 P |
| 450 g di frutti di bosco misti (anche surgelati) | 3 C |
| 6 noci | 6 G |
| 2 fogli di colla di pesce | |
| il succo di 2 limoni | |

*Bollire 9 cl d'acqua con il dolcificante. Spegnere il fuoco e stemperarvi i 50 g di colla di pesce ammorbidita in acqua fredda e ben strizzata. Frullare le fragole e unirle alla gelatina. Lasciar riposare in frigo. Frullare i frutti di bosco. Lavorare la ricotta con il succo di limone e le proteine in polvere fino a ottenere un composto omogeneo. Qualora fosse troppo denso, aggiungere poca acqua minerale. Unire i frutti di bosco, le noci tritate grossolanamente e mescolare. Ammorbidire i 2 fogli colla di pesce in acqua fredda, strizzarla e scioglierla in 1 cucchiaio d'acqua calda, aggiungendola poi alla crema. Riporre in frigo e mescolare di tanto in tanto. Dividere la gelatina a seconda delle dosi necessarie, unendola a equivalenti quantità di crema. Servire in un piattino.*

# Pesche grigliate e crema di yogurt

(6 BLOCCHI)

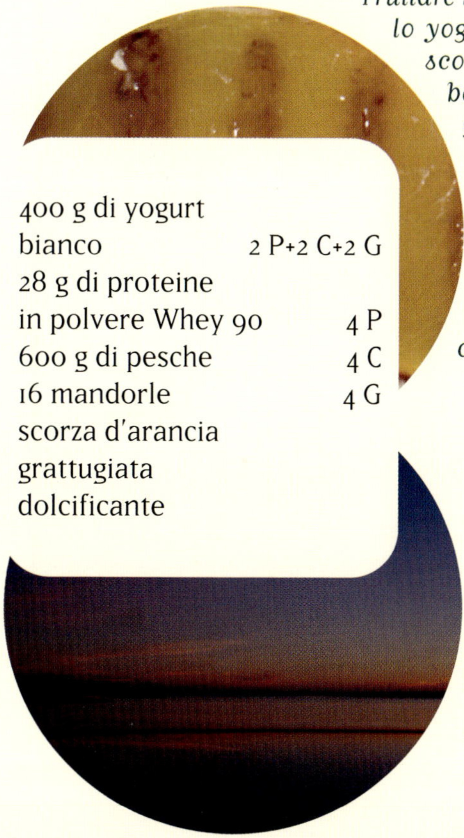

| | |
|---|---|
| 400 g di yogurt bianco | 2 P+2 C+2 G |
| 28 g di proteine in polvere Whey 90 | 4 P |
| 600 g di pesche | 4 C |
| 16 mandorle | 4 G |
| scorza d'arancia grattugiata | |
| dolcificante | |

*Frullare le proteine in polvere con lo yogurt, il dolcificante e la scorza d'arancia. Scaldare bene una padella per grigliare e passarci le pesche precedentemente tagliate a fette. Dividere le pesche e la crema secondo le dosi desiderate e servire in un piatto, cospargendo con le mandorle tritate.*

# Sorbetto alla mela verde

(6 BLOCCHI)

| | |
|---|---|
| 540 g di mele verdi | 6 C |
| 4 albumi | 2 P |
| 28 g di proteine in polvere Whey 90 | 4 P |
| 18 g di pinoli | 6 G |
| il succo di 2 limoni | |
| fettine di limone | |
| acqua minerale | |
| dolcificante | |

*Frullare le mele con un po' d'acqua, le proteine, il dolcificante e il succo di limone. Versare il composto nella gelatiera. Dopo circa 10 minuti aggiungere gli albumi non montati: serviranno a mantenere soffice il composto. Una volta raggiunta la consistenza desiderata, formare una palla con un cucchiaio e servire su un letto di fettine di limone tagliate sottili. Cospargere con i pinoli tostati.*

# Zabaione

(4 BLOCCHI)

| | |
|---|---|
| 4 uova | 4 P |
| 20 g di fruttosio | 2 C |
| 100 g di marsala | 2 C |
| 12 mandorle affettate | 4 G |
| dolcificante | |

*In una pirofila, lavorare le uova con il fruttosio e l'eventuale dolcificante con una frusta elettrica, sino a ottenere una crema morbida. Riempire a metà una pentola d'acqua e portare a ebollizione. Appoggiare la pirofila sulla pentola con l'acqua bollente, facendo attenzione che il fondo non sia a contatto con l'acqua. Aggiungere lentamente il marsala, mescolando piano, e cuocere fino a ottenere un composto denso. Dividere in due bicchieri e servire caldo, cosparso di mandorle a scaglie.*

### GELATO ALLA VANIGLIA

**(6 BLOCCHI)**

| | |
|---|---|
| 3 tuorli d'uovo | 3 P |
| 14 g di proteine in polvere Whey 90 | 2 P |
| 200 ml di latte parzialmente scremato | 1 P+1 C+1 G |
| 50 g di fruttosio | 5 C |
| 15 g di pinoli | 5 G |
| poca vaniglia | |

Lavorare in una terrina di vetro i tuorli d'uovo con il fruttosio. Aggiungere a poco a poco le proteine in polvere.
Portare a ebollizione il latte con la vaniglia.
Dopo averlo fatto intiepidire, unirlo al composto con le uova. Lasciarlo raffreddare completamente, unire i pinoli e mettere nella gelatiera fino a ottenere la consistenza desiderata.

---

### PERE CON FORMAGGIO

**(3 BLOCCHI)**

| | |
|---|---|
| 160 g di ricotta | 2 P |
| 7 g di proteine in polvere Whey 90 | 1 P |
| 300 g di pere | 3 C |
| 9 g di pinoli tostati | 3 G |
| 1 cucchiaio di latte | |
| dolcificante | |

Lavare le pere, tagliarle a cubetti senza sbucciarle e passarle in padella per alcuni minuti.
Lavorare la ricotta con le proteine e il dolcificante, stemperando con il latte ed eventualmente con un po' d'acqua minerale.
Sistemare in una coppa e cospargere con i cubetti di pera e i pinoli tostati.

---

### BUDINO DI YOGURT

**(3 BLOCCHI)**

| | |
|---|---|
| 400 g di yogurt bianco | 2 P+2 C+2 G |
| 2 albumi | 1 P |
| 175 g di mirtilli | 1 C |
| 3 g di pinoli | 1 G |
| dolcificante | |

Montare a neve ben ferma gli albumi, quindi unirli allo yogurt e al dolcificante.
Riporre in freezer per almeno 4 ore.
Frullare i mirtilli e passarli al setaccio.
Servire il budino con la salsa di mirtilli e i pinoli.

*a cura di Emanuele Scarello*

Emanuele Scarello, 36 anni e una lunga serie di successi e riconoscimenti già ottenuti: l'ultimo della serie la scorsa settimana. Il ristorante *Agli Amici* di Godia (Udine), gestito da Emanuele assieme alla sua famiglia, si è classificato come primo ristorante in Friuli secondo *La Guida de L'Espresso* (ottobre 2006). Risale inoltre a 7 anni fa l'assegnazione della prestigiosa stella Michelin allo stesso ristorante. Emanuele Scarello è cresciuto professionalmente presso le migliori cucine di rango, in Italia e all'estero, e attualmente si propone come uno dei giovani chef più promettenti e innovativi dello scenario internazionale grazie all'utilizzo delle tecniche della cucina molecolare (www.agliamici.it).

## Gelato di ricotta

(12 blocchi)

60 cl d'acqua
480 g di ricotta 6 P
36 g di pinoli tostati 12 G
48 g di proteine in polvere Whey 90 6 P
40 g di miele 4 C
80 g di fruttosio 8 C

*Bollire l'acqua con 1 cucchiaio di miele e il fruttosio.*
*Aggiungere le proteine in polvere.*
*Versare il tutto sulla ricotta*
*e frullare. Lasciar riposare una notte, poi mettere nella gelatiera.*
*Servire con i pinoli tostati.*

## Strudel... da bere

(12 blocchi)

4 biscotti bilanciati sbriciolati 1 P+1 C+1 G
77 g di proteine in polvere 11 P
480 g di succo di mela 8 C
180 g di mele a cubetti 2 C
10 g di uva sultanina 1 C
1 cucchiaio di olio 3 G
3 noci 3 G
15 g di pinoli 5 G
1 stecca di vaniglia

*Tagliare la stecca di vaniglia nel senso della lunghezza e, con l'ausilio di un coltellino, togliere i semini e versarli in un pentolino contenente l'olio extravergine d'oliva. Intiepidire. Emulsionare il succo di mela con le proteine in polvere, l'olio di semi di vaniglia e qualche cubetto di ghiaccio. Mettere il tutto a raffreddare. Versare il composto ottenuto in un calice alto, aggiungere le noci, i pinoli, i cubetti di mela, l'uva sultanina e ricoprire con la polvere di biscotti.*

## Carpaccio di frutta con infuso di pinoli tostati

(8 blocchi)

64 g di proteine in polvere Whey 90 8 P
100 g di kiwi 1 C
90 g di mele granny smith 1 C
100 g di pere kaiser 1 C
120 g di melone 1 C
120 g di arancia 1 C
90 g di ananas 1 C
24 g di pinoli 8 G
22 cl di succo limone 2 C
30 cl d'acqua

*Tostare i pinoli in forno a 160°C per 8 minuti, poi metterli in un'infusiera. Far bollire il succo di limone con le proteine in polvere, quindi versarlo nell'infusiera e lasciar riposare 10 minuti.*
*Nel frattempo, affettare tutta la frutta (o tagliarla a cubetti) e disporla in 8 piatti piani.*
*Versare l'infuso sul carpaccio di frutta direttamente a tavola.*

## Granita al caffè con tagliatelle di frutto della passione e menta

(4 blocchi)

150 g di succo di frutto della passione 2 C
30 cl d'acqua minerale
28 g di proteine in polvere Whey 90 4 P
20 g di fruttosio 2 C
12 mandorle 4 G
2 g di agar-agar
100 g di foglie di menta

*Unire il caffè e il fruttosio in una vaschetta e mettere nel freezer, mescolando di tanto in tanto con una forchetta. Bollire il succo di frutto della passione e aggiungere l'agar-agar, versando il composto ottenuto su una placca. Lo spessore dello strato non deve superare 1 mm. Lasciar raffreddare e successivamente tagliare con un coltello, dando una forma a tagliatella. Bollire le foglie di menta in acqua, quindi raffreddarle immediatamente con acqua e ghiaccio. Strizzarle bene e frullarle con le proteine e l'acqua minerale fino a ottenere un composto omogeneo. Con l'aiuto di una forchetta, grattare la superficie del caffè congelato, ottenendo così una granita, e disporla in un piatto. Unirvi le «tagliatelle» e ricoprire con una cucchiaiata di crema di menta.*

## Meringa con crema al limone

**(4 blocchi)**

8 albumi 4 P
330 g di succo di limone 3 C
10 g di fruttosio 1 C
1 cucchiaio e 1 cucchiaino d'olio extravergine d'oliva 4 G
1/2 cucchiaino di vaniglia in polvere
8 g di pectina
3 g di alginato

*Far bollire il succo di limone con l'alginato e la pectina, facendo molta attenzione che non si formino grumi.*
*Mettere a riposare in frigo per una notte.*
*Montare gli albumi a neve ferma con il fruttosio e la vaniglia. Montare la gelatina con l'olio.*
*Con l'aiuto di 2 cucchiai, formare delle quenelle e cuocerle in acqua bollente per almeno 3 minuti.*
*Utilizzando sempre 1 cucchiaio, stendere un velo di crema al limone al centro di ogni piatto, quindi adagiarvi le quenelle di albume.*
*N.B. Pectina e alginato sono reperibili in farmacia.*

## Ravioli d'uovo alla ricotta, zuppa di lamponi e profumo di vaniglia

(4 blocchi)

2 uova 2 P
160 g di ricotta 2 P
560 g di lamponi 4 C
1 cucchiaio e 1 cucchiaino d'olio di vaniglia 4 G
(vedi Strudel... da bere a p. 234)
scorza di limone

*Con un frullatore a immersione amalgamare le uova, poi stenderle su un foglio di carta da forno e cuocere in forno a 100°C per 5 minuti.*
*Schiacciare la ricotta con una forchetta e unirvi la scorza di limone.*
*Frullare la metà dei lamponi e passarli al setaccio, quindi aggiungere i restanti.*
*Tagliare la "pasta di uovo" a quadrati di 4 cm di lato, riempirli con la ricotta e richiuderli a raviolo.*
*Mettere la zuppa di lamponi in un piatto fondo, adagiarvi i ravioli e versarci sopra, a gocce, l'olio alla vaniglia.*

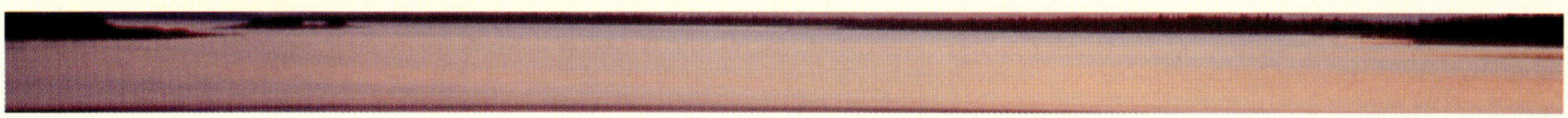

## Zuppa di ciliegie, ricotta e mandorle

(4 BLOCCHI)

320 g di ricotta 4 P
400 g di ciliegie snocciolate 4 C
12 mandorle 4 G
aceto bianco q.b.

*Scottare a fuoco vivo le ciliegie, deglassarle con una spruzzata di aceto, far raffreddare e riporre in frigo. Schiacciare la ricotta con una forchetta, quindi rimpastarla per eliminare le bolle d'aria. Metterla in uno stampino da sformato piccolo e infornare a 90°C per 10 minuti. Disporre le ciliegie fredde in una coppetta, adagiarvi lo sformatino di ricotta e completare con le mandorle affettate.*

## Zuppa di pesche e mandorle

(4 BLOCCHI)

28 g di proteine in polvere Whey 90 4 P
600 g di pesche sbucciate e tagliate a cubetti 4 C
12 mandorle 4 G
20 cl d'acqua minerale
aceto balsamico q.b.

*Scottare le pesche in padella a fuoco vivo e bagnare con l'acqua. Toglierne metà e frullarle, lasciando le altre a cubetti. Riunire il tutto e lasciar raffreddare. Emulsionare l'aceto balsamico e le proteine in polvere. Con l'aiuto di un pennello, stendere la glassa di proteine e aceto sul fondo di un piatto, poi versare la zuppa di pesche e cospargere di mandorle tritate.*

# *Le* RICETTE REGIONALI

*a cura di Lucio Lorusso*

**Ricetta per 4 persone**

## Baccalà alla veneziana con orzotto bellunese

La difficoltà di trasporto e di conservazione del pesce di mare fresco ha fatto sì che per secoli nelle regioni del Nord d'Italia la scelta fosse limitata ai soli prodotti conservati sotto sale (acciughe, sarde e baccalà), affumicati (aringhe) ed essiccati (stoccafisso). Nella cucina veneta con il termine baccalà s'intende di solito sia il merluzzo conservato sotto sale sia quello essiccato; entrambi vengono precedentemente ammollati a lungo in acqua prima di essere impiegati nelle svariate preparazioni della tradizione di tutte le province venete. Nella cucina veneziana oltre al famoso Baccalà Mantecato troviamo una ricetta che sposa la delicatezza del latte, il sapore deciso del pomodoro e l'aroma intenso della noce moscata. Un ricordo, quest'ultimo, dello splendore mercantile della repubblica marinara, quando dall'Oriente tra i tanti prodotti importava le pregiate spezie. L'orzotto bellunese bilancia ottimamente con i suoi carboidrati a basso indice glicemico le proteine del pesce.

### Proteine

(4 miniblocchi per persona)
450 g di baccalà o di stoccafisso già ammollato
100 gr di latte parzialmente scremato (½ miniblocco di proteine +½ miniblocco di grassi +½ miniblocco di carboidrati)

### Grassi totali

(4 miniblocchi per persona)
4 cucchiai scarsi di olio extravergine d'oliva
+ i grassi naturalmente presenti nel pesce e nel latte

### Carboidrati

(3 miniblocchi per persona)
150 g di orzo favorevole
150 gr di passata di pomodoro
1 porro
vino bianco
brodo vegetale
aglio
prezzemolo
rosmarino
noce moscata
sale e pepe

### Per l'equilibrio della ricetta

Per completare i 4 blocchi devo aggiungere 1 miniblocco di carboidrati per persona. Possiamo utilizzare una porzione di verdure grigliate miste (zucchine, peperoni, radicchio rosso trevisano) condite semplicemente con sale, pepe e poco aceto balsamico.

### Preparazione

Lessare il baccalà per circa 15 minuti e ripulirlo delle lische.
In un tegame a bordi alti scaldare metà dell'olio con l'aglio tritato, il prezzemolo e il rosmarino. Aggiungere il pesce diviso in 4 porzioni e cuocere per 10 minuti. Versare 1/2 bicchiere di vino bianco e poi il latte e la passata di pomodoro. Regolare di sale e di pepe continuando la cottura per 30 minuti. Verso la fine aggiungere una grattugiata abbondante di noce moscata.
Nell'olio restante rosolare il porro tagliato a fettine sottili. Aggiungere l'orzo tenuto a bagno in acqua per almeno 12 ore, scolato e asciugato con cura. Faccio tostare e poi portare a cottura per circa 30 minuti aggiungendo brodo vegetale via via che asciuga. Alla fine cospargere di prezzemolo tritato e spruzzare con qualche goccia di limone. Disporre l'orzotto a specchio in un piatto piano e adagiarvi sopra la porzione di baccalà con il suo sughetto.

**Ricetta per 4 persone**

## Totani ripieni all'isolana con purea di cicerchie

I pescatori delle isole dell'arcipelago napoletano spesso ottenevano, in cambio del loro lavoro, oltre alla paga stabilita anche la parte del pescato meno "nobile", quella che difficilmente trovava una collocazione remunerativa sul mercato. In particolare pesce azzurro e totani: con sarde, acciughe, aguglie e sgombri a volte ci si preparava la colazione; con i totani, in famiglia, si cucinava un piatto tradizionale che sposava i molluschi con il pomodoro, il profumo della maggiorana e il formaggio. La presenza di quest'ultimo in abbinamento ai prodotti della pesca non è insolita nella cucina meridionale, basti pensare al pecorino delle Sarde in Beccafico siciliane. Con le cicerchie (piccole favette coltivate in particolare nella zona montuosa dell'isola di Capri) abbiamo a disposizione i carboidrati che concorrono al bilanciamento della ricetta.

### Proteine
(4 miniblocchi per persona)
800 g di totani con le teste e i tentacoli
80 g di caciotta fresca o scamorza
o mozzarella di bufala campana
20 g di parmigiano grattugiato
1 uovo

### Grassi totali
(4 miniblocchi per persona)
3 cucchiai di olio extravergine di oliva
+ i grassi naturalmente presenti nei molluschi e nei formaggi

### Carboidrati
(2 miniblocchi per persona)
180 g di cicerchie secche
(in alternativa si possono usare le fave secche, sgusciate)
600 g di polpa di pomodoro
aglio
maggiorana (oppure origano)
prezzemolo
peperoncino
basilico
sale e pepe

### Per l'equilibrio della ricetta

Per completare i 4 blocchi in questo caso vanno aggiunti 2 miniblocchi di carboidrati per persona. Possiamo utilizzare una porzione di friarielli o di broccoletti verdi lessati e ripassati in poco olio, aglio e peperoncino oppure solo lessati e conditi a crudo (è utile in tal caso ridurre un po' la quantità dell'olio che si utilizza nella preparazione dei molluschi). Aggiungiamo poi una piccola porzione di frutta fresca di stagione (100 g).

### Preparazione

Pulire i totani eliminando la penna cartilaginea. Tritare le teste e i tentacoli e rosolare il tutto con un cucchiaio di olio, aglio e prezzemolo. Lasciar raffreddare e mescolare con l'uovo, i formaggi grattugiati e una bella presa di maggiorana. Con l'impasto ottenuto farcire le sacche dei totani, chiudendole con filo da cucina o con gli stuzzicadenti. In un tegame a bordi alti scaldare la polpa di pomodoro con un cucchiaio di olio e un pezzetto di peperoncino. Aggiungere i totani ripieni e cuocere per 20' facendo attenzione a non far asciugare troppo il pomodoro (se necessario aggiungere un po' d'acqua calda). Regolare di sale e aggiungere solo alla fine il basilico tritato (oppure altro prezzemolo). Tenere a bagno per una notte le cicerchie. Lessarle fino a renderle morbidissime. Frullarle per ottenere una purea, che andrà scaldata con il restante cucchiaio di olio, regolando di sale e di pepe. Servire insieme ai totani coprendo legumi e molluschi con il sughetto di pomodoro.
Se si utilizzano le fave sgusciate non è necessario metterle ammollo; la lessatura deve essere fatta con poca acqua.

RICETTA PER 4 PERSONE

## OSSIBUCHI ALLA MILANESE IN GREMOLADA CON PISELLI

L'Ossobuco e l'altrettanto famosa Costoletta alla Milanese hanno un denominatore comune: il vitello. Questa carne compare in vari piatti della cucina tradizionale lombarda, come le Piccate, il Fritto Misto e il "Rustin negaa". La carne lombarda per eccellenza quindi è il vitello e non il pollo o il coniglio. Il piatto classico degli ossibuchi, spesso accompagnato dal risotto giallo allo zafferano, viene qui proposto in accompagnamento con i piselli, legumi frequentemente presenti nelle ricette regionali del Nord Italia. I piselli permettono di equilibrare la ricetta con carboidrati più favorevoli rispetto al riso.

### PROTEINE

(4 MINIBLOCCHI PER PERSONA)

4 ossibuchi di vitello del peso di circa 200 g l'uno (140 g di carne al netto dell'osso)

### GRASSI TOTALI

(4 MINIBLOCCHI PER PERSONA)

4 cucchiai di olio extravergine di oliva + i grassi naturalmente presenti nella carne

### CARBOIDRATI

(3 MINIBLOCCHI PER PERSONA)

480 g di piselli freschi o surgelati (in alternativa vanno bene anche quelli in scatola)
300 g di cipolle bianche
100 g di carote
1 gambo di sedano (circa 100 g)
2 cucchiai di farina di avena
1 cucchiaio di concentrato di pomodoro
vino bianco
brodo magro di carne o brodo vegetale
aglio
prezzemolo
scorza di limone
sale e pepe

### PER L'EQUILIBRIO DELLA RICETTA

PER COMPLETARE I 4 BLOCCHI LA PREPARAZIONE NECESSITA DELL'AGGIUNTA DI 1 MINIBLOCCO DI CARBOIDRATI PER PERSONA. POSSIAMO INSERIRE UNA PORZIONE DI VERDURE CRUDE MISTE CONDITE CON POCO OLIO, SALE E BUON ACETO DI VINO O SUCCO DI LIMONE (IN QUESTO CASO RIDURREMO UN PO' L'OLIO UTILIZZATO NELLA COTTURA DELLA CARNE), ALTRIMENTI POSSIAMO CONCEDERCI UN PICCOLO FRUTTO, PER ESEMPIO UNA MELA ROSSA DA CIRCA 100 G.

### PREPARAZIONE

Infarinare leggermente gli ossibuchi, salare e pepare sui due lati. Rosolare la carne nell'olio e aggiungere cipolle, carota e sedano tritati. Far stufare per circa 10 minuti, sfumare con il vino e, dopo che l'alcol sarà evaporato, bagnare con una tazza di brodo. Regolare di sale e pepe e far cuocere a fuoco lento, a recipiente coperto, per 30 minuti. Aggiungere i piselli e il concentrato di pomodoro diluito in un mestolo di brodo. Continuare la cottura per altri 30 minuti: alla fine la carne dovrà essere tenera e i piselli ben cotti. 10 minuti prima del termine della cottura aggiungere un trito di prezzemolo, aglio e scorza di limone grattugiata.

RICETTA PER 4 PERSONE

## TONNO CON ACETO E CIPOLLE CON PANELLA DI CECI AL FORNO

Delle centoventidue tonnare esistenti in Italia fino a qualche decennio fa ora ne rimangono solo due: una in Sardegna, a Carloforte, e una in Sicilia, a Favignana. Nel periodo di pesca più abbondante si preparava il tonno con cipolle e aceto. Un piatto apprezzato certamente nella versione calda, appena cucinato, ma che riusciva a esprimere il meglio se consumato freddo: per conservarlo alcuni giorni bastava aumentare la quantità di aceto e di cipolle (la Stimpirata).
Le proteine del pesce si accompagnano ai carboidrati della farina di ceci, cucinata in un'antica preparazione giunta in Sicilia dalle terre liguri, dove ancor oggi si prepara la Farinata di Ceci.

### PROTEINE

(4 MINIBLOCCHI PER PERSONA)
560 g di tonno fresco
(la parte del filetto) diviso in 4 fette

### GRASSI TOTALI

(4 MINIBLOCCHI PER PERSONA)
3 cucchiai scarsi di olio
extravergine di oliva
9 olive verdi
+ i grassi naturalmente presenti nel pesce

### CARBOIDRATI

(2 MINIBLOCCHI PER PERSONA)
120 g di farina di ceci
150 g di pomodori pelati
oppure pomodorini
2 cipolle grosse
(meglio se del tipo rosso)
1/2 gambo di sedano
capperi
1/2 cucchiaio di farina di avena
aceto di vino rosso (1/2 bicchiere)
sale e pepe

### PER L'EQUILIBRIO DELLA RICETTA

COMPLETARE I 4 BLOCCHI PER PERSONA AGGIUNGENDO 2 MINIBLOCCHI DI CARBOIDRATI A TESTA.
PROPONGO UNA BELLA ARANCIA DI SICILIA OPPURE 2 MANDARANCI O 2 FICHI D'INDIA.

### PREPARAZIONE

Cospargere leggermente di farina d'avena le fette di tonno. Rosolarle in una padella antiaderente con 1 cucchiaio di olio. In un altro tegame rosolare con il secondo cucchiaio di olio le cipolle affettate finemente, aggiungere il sedano tritato, i capperi e le olive denocciolate e tagliate a fettine. Dopo 5 minuti aggiungere i pomodori spezzettati e un bicchiere di acqua calda: far restringere la "salsa" di cipolla, adagiarvi le fette di tonno e spruzzare a piacere con l'aceto. Regolare di sale e pepe, far evaporare e spegnere il fuoco. Aspettare qualche minuto prima di servire, oppure consumare il piatto freddo dopo qualche ora.
Mescolare la farina di ceci con acqua calda, sale, pepe e mezzo cucchiaio di olio, cercando di ottenere una pastella abbastanza consistente. Stenderla in strato sottile su carta da forno e ungerla in superficie con il mezzo cucchiaio di olio rimasto. Passare in forno a calore alto e cuocere fino a ottenere una "sfoglia" croccante. Togliere dal forno, spruzzare con poche gocce di limone (alla maniera palermitana) e servire con il tonno dividendo la Panella in 4 spicchi.

RICETTA PER 4 PERSONE

## GNUDI MAREMMANI GRATINATI E INSALATA DI CAVOLO NERO E CANNELLINI

Una grande risorsa della Maremma erano e sono le mucche e, soprattutto, le pecore con il loro latte e i formaggi. Dal siero di latte, residuo della produzione di questi ultimi, si ricava una ricotta pregiata che viene utilizzata così com'è oppure impiegata nelle diverse ricette della tradizione locale.
Gli Gnudi Maremmani sono gnocchi di ricotta di pecora (oppure di ricotta mista di pecora e vaccina) che ricordano il classico impasto per il ripieno dei ravioli di magro, senza però l'involucro esterno di pasta. Un piatto prevalentemente proteico quindi, che trova nei fagioli dell'insalata di contorno il suo naturale ed equilibrato accompagnamento.

### PROTEINE

(4 MINIBLOCCHI PER PERSONA)
500 g di ricotta mista di pecora e vaccina
60 g di Parmigiano Reggiano grattugiato
60 g di pecorino toscano stagionato
2 uova

### GRASSI TOTALI

(4 MINIBLOCCHI PER PERSONA)
3 cucchiai di scarsi di olio extravergine di oliva
+ i grassi naturalmente presenti nei formaggi

### CARBOIDRATI

(3 MINIBLOCCHI PER PERSONA)
60 g di farina di farro
600 g di passata di pomodoro
300 g di spinaci freschi o surgelati
aglio
rosmarino e alloro
sale e pepe
250 g di fagioli cannellini o toscanelli lessati
200 g di cavolo nero (o in alternativa cavolo verza o cavolo cappuccio)
sale e pepe

### PER L'EQUILIBRIO DELLA RICETTA

COMPLETARE I 4 BLOCCHI CON L'AGGIUNTA DI 1 MINIBLOCCO DI CARBOIDRATI PER PERSONA. OTTIMA LA SCELTA DEL PICCOLO FRUTTO: IN AUTUNNO POSSIAMO CONCEDERCI ANCHE UN GRAPPOLINO D'UVA.

### PREPARAZIONE

Setacciare la ricotta e impastarla con le uova, la farina di farro, gli spinaci lessati, strizzati e tritati accuratamente. Aggiungere mezzo cucchiaio di olio e il parmigiano, regolando di sale. Con l'aiuto di due cucchiai preparare degli gnocchi (o *quenelles*) che andranno versati, pochi alla volta, in acqua bollente salata. Cuocere fino a che non tornano a galla. Scolarli bene e disporli in una teglia antiaderente rivestita con carta da forno. Coprire con il sugo preparato con la passata di pomodoro, rosolando dapprima in mezzo cucchiaio di olio uno spicchio di aglio, il rosmarino e l'alloro. Cospargere gli gnudi con il pecorino e infornare per 15 minuti gratinando negli ultimi minuti di cottura con il grill. Lessare il cavolo nero in acqua leggermente salata. Scolarlo e tagliarlo a listerelle mescolandolo con i cannellini. Aggiungere l'ultimo cucchiaio di olio, regolare di sale, aggiungere ancora del pepe nero macinato al momento e poche gocce di aceto di vino rosso. Si può servire questa insalata anche come insolito "antipasto".

# 8

## La Zona che verrà

di Barry Sears

### Cibo e alchimia molecolare

La chimica che sta alla base dell'arte culinaria è incredibilmente complessa, ecco perché i grandi chef sono maestri nel miscelare proteine, carboidrati e grassi in modo da creare l'aspetto, il gusto e l'aroma che caratterizzano un piatto speciale.

Attualmente la cucina sta prendendo una nuova direzione, con la riorganizzazione molecolare degli ingredienti per ottenere nuove sensazioni gustative e, cosa ancora più importante, nuovi effetti ormonali sui pasti che consumiamo. Questa concezione innovativa, la cucina molecolare, ci porta più vicino al pensiero di Ippocrate, che diceva: "Fate in modo che il cibo sia la vostra medicina e che la medicina sia il vostro cibo".

La cottura, per natura, distrugge la qualità degli ingredienti contenuti negli alimenti, infatti le vitamine e i principi fitochimici sono molto sensibili al calore, e così pure gli aromi. D'altra parte, senza il calore sarebbe difficile promuovere quelle reazioni chimiche che portano a nuovi sapori e favoriscono l'assorbimento di determinati principi nutritivi. Per esempio, avete mai provato ad assaggiare una spiga di grano o un pezzo di carne cruda ricca di tendini? Entrambi sono praticamente immangiabili. La cottura permette di ottenere dal grano migliaia di tipi di pane, pasta e pasticcini, e allo stesso tempo di rompere le fibre di collagene dei tendini, in modo che possiamo gustare la carne usando solo il coltello e la forchetta.

La cucina molecolare va ancora oltre: consente di cambiare la percezione gustativa, di conservare ed esaltare sapori unici, fornendo nuovi metodi di cottura con cui si raggiungono più elevati livelli di delizia sensoriale e nutrimento, una volta impensabili.

Il primo importante passo avanti della cucina molecolare deriva dall'uso dell'azoto liquido, uno dei componenti dell'aria che respiriamo, che passa allo stato liquido a una temperatura di -196°C. L'azoto liquido permette di congelare immediatamente gli alimenti, mantenendo quindi intatti il gusto e i principi nutritivi degli ingredienti dopo che sono stati lavorati. (Vedi *Il gelato estemporaneo e altre invenzioni gastronomiche*, di Davide Cassi e Ettore Bocchia, Sperling & Kupfer, Milano 2005.) Se cogliamo un frutto direttamente dalla pianta gustiamo dei sapori unici che svaniscono con il passare del tempo, quando lo stesso frutto raggiunge la tavola, anche se è soltanto a poche centinaia di metri di distanza dall'albero. Lo stesso vale per i principi fitochimici presenti nei cibi, che richiedono un costante flusso di energia dalla pianta per mantenere elevate le loro concentrazioni. In presenza di azoto liquido i componenti degli alimenti non si ossidano e conservano quindi le loro caratteristiche molecolari uniche, che conferiscono loro proprietà salutari significative. Dal momento che la frutta e la verdura sono costituite prevalentemente da acqua, la bassissima temperatura dell'azoto liquido porta alla formazione di microcristalli di ghiaccio, che conferiscono una consistenza simile al grasso a cibi che ne sono assolutamente privi. L'uso di queste tecniche permette quindi di ottenere una gamma di percezioni gustative uniche e al contempo piatti più salutari.

## La nuova generazione

La prima generazione della cucina molecolare conserva principi fitochimici e sapori unici, mentre la seconda modifica le risposte ormonali dei cibi. Sono proprio queste risposte ormonali a costruire la chiave della nostra salute, della nostra longevità e soprattutto del nostro benessere fisico e emotivo.

I cereali e gli amidi rimangono la fonte primaria di calorie a livello mondiale e, dato che dipendiamo da loro, e che attualmente consumiamo moltissimi cereali lavorati, la nostra salute è in pericolo a causa dell'impatto che hanno sui nostri ormoni. I cereali e gli amidi sono composti soprattutto da lunghe catene di glucosio che vengono scomposte dal sistema digerente in zuccheri semplici. Questa valanga di glucosio si riversa nel sangue, aumentando il rilascio dell'insulina, che provoca una serie di reazioni molecolari a cascata, le quali portano all'aumento dell'infiammazione silente. La dieta Zona è stata ideata per contrastare questo processo, incoraggiando semplicemente le persone a bilanciare i pasti tramite l'assunzione di un'appropriata quantità di proteine e di carboidrati a basso indice glicemico (soprattutto frutta e verdura) e di piccole dosi di grassi monoinsaturi, come l'olio di oliva.

Così facendo, sarà possibile mantenere gli ormoni di origine alimentare a una concentrazione ottimale, né troppo alta né troppo bassa. Sfortunatamente, oggi mantenere questo proposito diventa sempre più difficile, in quanto si desiderano cibi sempre più convenienti, gustosi e facili da trasportare; tutti requisiti facilmente ottenibili con i prodotti industriali lavorati. In genere, quando parliamo di alimenti lavorati non intendiamo solo quelli che vengono serviti nei fast food, ma tutti quelli che subiscono una trasformazione, inclusi il pane e la pasta non preparati con le nostre mani. La maggior parte di questi prodotti viene realizzata con carboidrati raffinati, per rimuovere gli ingredienti che ne favorirebbero l'irrancidimento. Dato che questi alimenti sono molto comodi da trasportare, vengono per lo più mangiati lontano da casa, dove è molto più difficile abbinarli alle proteine e ai grassi neces-

sari per controllare il rilascio dell'insulina. In passato, quando praticamente tutti i pasti si consumavano a casa, questo problema non sussisteva. Per contrastare l'assunzione di cibi lavorati, la chiave della nuova generazione della cucina molecolare consiste nel preparare cibi pronti trasportabili, gustosi e convenienti, ma anche più salutari, che inducano una corretta risposta ormonale.
Si può raggiungere questo traguardo grazie alle nuove tecnologie, che estrapolano i carboidrati dalle farine e li rimpiazzano con le proteine. L'importante è che gli alimenti preparati con questo nuovo tipo di farine abbiano lo stesso gusto di quelli standard. Fino a poco tempo fa questo obiettivo sembrava impossibile da raggiungere: si ottenevano infatti prodotti duri come suole di scarpe, in quanto le alte temperature richieste per cucinare le farine in molteplici modi provocavano legami fra i carboidrati e le proteine, rendendo i cibi praticamente immangiabili. La soluzione a questo problema è stata ottenuta con una combinazione di biotecnologie e materiali provenienti dall'industria tecnologica. In pratica, i carboidrati vengono avvolti intorno alle proteine, in modo che le due componenti non entrino in contatto. In questo modo, quando il prodotto viene cotto, le interazioni chimiche sono ridotte al minimo, con due importanti risultati: prima di tutto, il carico glicemico della farina si riduce del 50%, e quindi la risposta insulinica risulta dimezzata. In secondo luogo, il contenuto proteico si accresce notevolmente, con conseguente aumento del senso di sazietà attraverso la stimolazione dell'ormone glucagone. L'aumentato equilibrio fra insulina e glucagone permette un migliore controllo del metabolismo degli acidi grassi e una riduzione dell'infiammazione silente.
In sostanza, quindi, sono i cibi lavorati la causa della diminuzione del nostro benessere, mentre quelli della nuova generazione di cucina molecolare potranno aiutarci a rimanere in salute senza stravolgere il nostro stile di vita.

## Ringraziamenti

Grazie a tutti coloro che hanno condiviso con me questo progetto e questa avventura.

Al dottor Barry Sears per tutto il tempo che mi ha dedicato e che mi dedica, e per aver trasformato in realtà il desiderio di poter scrivere assieme a lui.

Alla signora Lynn Sears, la vera anima di questo progetto, per l'affetto e il sostegno datomi in tanti momenti.

Ad Alberto Sorbini, che ha creduto nelle mie idee e nel mio sogno.

Al professor Bruno Berra per la grande stima sempre dimostratami e il suo insostituibile supporto.

Al professor Enrico Arcelli per aver condiviso la sua grande esperienza e il suo più recente viaggio di ricerca.

A Elisabetta Albieri, professionista straordinaria che mi ha sostenuto con passione, grande umanità e infinita pazienza.

A Luciana Rota e Ombretta Bianchi: uniche nel loro ruolo, donne speciali e amiche davvero sincere.

A Giovanni Palma, ideatore del progetto grafico di questo libro, per la sua dedizione e le lunghe notti passate a creare.

A Giuseppe Pisacane per la parte fotografica e per aver saputo tradurre in immagine i miei pensieri e le mie emozioni.

A Emanuele Scarello per "I dolci dello chef" e per essere stato sin dall'inizio la fonte di ispirazione di questo lavoro.

Allo chef Iviano Ravasio per aver interpretato in maniera davvero speciale le ricette del libro.

Alla signora Rosetta per la supervisione alle ricette e il fondamentale incoraggiamento.

Grazie anche ad alcune persone che sono state con me in momenti di grande difficoltà.

Al professor Marco Gasparotti, non solo vero artista della bellezza ma anche uomo di grande sensibilità e coraggio.

Ad Alessandra Gasparotti e a suo figlio Andrea per il grande affetto dimostratomi.

A Manuela, Natalia e Franceschina per non avermi mai negato un sorriso.

A Franci e Barbara per avermi dato la forza di guardare avanti con coraggio e grande dignità.

A Claudio Belotti e Harry Nichols, che mi hanno insegnato a trasformare i miei sogni in realtà e la mia realtà in un sogno.

Potete contattare gli autori attraverso i loro siti:

www.danielamorandi.it

www.drsears.com

Per ulteriori approfondimenti:

www.enerzona.com

# Indice delle ricette

## Le colazioni dolci & salate


Latte e frutti di bosco (3 blocchi) 65
Mousse di ricotta e marmellata (3 blocchi) 66
Frullato di frutta e latticello (3 blocchi) 66
Colazione salata con mozzarella
e ananas (3 blocchi) 67
Colazione salata con latticello (3 blocchi) 67
Colazione salata con cracker bilanciati (3 blocchi) 68
Colazione salata con uovo e uva (3 blocchi) 71
Colazione salata con pera
e formaggio (3 blocchi) 73
Colazione salata con frittata,
frutta e noci (4 blocchi) 74
Colazione salata con yogurt (4 blocchi) 74
Colazione salata con prosciutto cotto e uva (3 blocchi) 74


## Le colazioni continentali dolci & salate


Pere con crema alla vaniglia (6 blocchi) 77
Frutti di bosco con crema di semi di papavero
e limone (6 blocchi) 79
Muffin al profumo di cannella (16 blocchi) 81
Muesli in Zona (16 blocchi) 82
Frittata all'ananas (4 blocchi) 82
Uova strapazzate
e crema di frutti di bosco (9 blocchi) 83
Colazione salata con torta salata
e insalata di frutta (12 blocchi) 85

## Gli spuntini dolci & salati


Crema alla mela e papavero (4 blocchi) 91
Crema al limone (4 blocchi) 92
Crema di pesche semplice (4 blocchi) 94
Mousse di ananas e yogurt (4 blocchi) 94
Ghiaccioli alle pesche e fragole (4 blocchi) 94
Nuvole di latte (1 blocco) 95
Alcuni spuntini velocissimi (1 blocco) 95
Crema di ricotta, fragole e biscotti (4 blocchi) 97
Mousse di pere e cacao (4 blocchi) 98
Sorbetto di frutti di bosco (4 blocchi) 101
Crostini con il salmone (2 blocchi) 102
Fragole, mele e Parmigiano Reggiano (2 blocchi) 104
Crostini all'uovo (2 blocchi) 104
Crostini allo speck (2 blocchi) 105
Alcune idee velocissime (1 blocco) 105
Crostini con ricotta tartufata (2 blocchi) 107


## La carne


Coniglio marinato con broccoli in umido (12 blocchi) 113
Filetto di maiale con finocchi (8 blocchi) 115
Tacchino con gli asparagi (6 blocchi) 116
Tacchino all'aceto balsamico (4 blocchi) 118
Petti di pollo allo yogurt (6 blocchi) 121
Pollo con radicchio (8 blocchi) 123
Filetto di maiale con pere al porto
e uva sultanina (6 blocchi) 124
Stufato alla greca (6 blocchi) 126

Tacchino con cipolle e vellutata di bosco (8 blocchi) 126
Manzo con ananas alla vaniglia (9 blocchi) 127
Filetto di manzo alla senape (8 blocchi) 127
Carne tritata con mais e timo (6 blocchi) 128
Pollo al limone con insalata di agrumi (8 blocchi) 128
Pollo con yogurt e peperoni al curry (8 blocchi) 129
Lombata di manzo con cipolline ai capperi (6 blocchi) 129

**Il pesce**

Carpaccio di salmone e semi di sesamo (8 blocchi) 135
Spiedino tropicale di salmone (8 blocchi) 137
Merluzzo allo zafferano e crisp di mele (8 blocchi) 138
Salmone al forno con salvia e mais (3 blocchi) 140
Merluzzo con limone e insalata primavera (8 blocchi) 140
Gamberoni al curry (8 blocchi) 141
Merluzzo con peperoni (8 blocchi) 141
Insalata di crostacei con mix di frutta acida (8 blocchi) 142
Polpo con fragole e uva (6 blocchi) 145
Tonno in gelatina con insalata di bosco (12 blocchi) 146

**Il formaggio**

Involtini di formaggio e bresaola con ananas
e uva sultanina (12 blocchi) 151
Insalata di formaggio e speck (8 blocchi) 152
Terrina di verdure, mozzarella e feta (12 blocchi) 152
Torta di mozzarella e ceci (8 blocchi) 153
Mousse di formaggi con mirtilli (6 blocchi) 153
Parmigiana con pesche grigliate (8 blocchi) 155
Melone farcito al formaggio con tacchino (8 blocchi) 156

Crema di formaggio con pollo, pompelmo rosa
e arance (4 blocchi) 156
Ricotta arlecchino (4 blocchi) 157
Verdure farcite (4 blocchi) 157

## Uova e frittate

Frittata con aragosta
e frutta tropicale (6 blocchi) 163
Frittata classica in Zona (4 blocchi) 164
Frittata con pomodoro e speck (9 blocchi) 164
Frittata con pollo (9 blocchi) 165
Frittata con i funghi (4 blocchi) 165
Torta salata con cavolfiore (6 blocchi) 166
Frittata con le cime di rapa (4 blocchi) 168
Frittata con gli asparagi (6 blocchi) 168
Frittata con i tartufi d'Alba (4 blocchi) 169
Uova alla salvia (6 blocchi) 169
Frittata con peperoni, melanzane
e carciofi (6 blocchi) 171
Frittata con pomodoro e mozzarella (6 blocchi) 172
Frittata di Grana Padano e prosciutto con pera,
mela e uva sultanina (6 blocchi) 172
Frittata alla salvia e macedonia di frutta (9 blocchi) 173
Frittata con lo scalogno (3 blocchi) 173

## La soia

Spiedini al tofu (6 blocchi) 179
Insalata con tempeh e mele (6 blocchi) 180

Salsa di tempeh con cipolle (6 blocchi) 180
Stufato di seitan (2 x 4 blocchi) 181
Tofu "stropicciato" con uvetta (6 blocchi) 181
Insalata allegria (3 blocchi+ 1) 183
Pinzimonio con salsa di soia (3 blocchi) 184
Carpaccio di mele e tofu con soia (3 blocchi) 184
Tarassaco, mais e tofu (3 blocchi) 185
Tofu alla griglia (3 blocchi) 185

## Le insalate

Insalata di limoni e finocchi (6 blocchi) 191
Insalata di pollo, pompelmo e uva sultanina (6 blocchi) 193
Insalata croccante di tonno (3 blocchi) 194
Insalata di alici e cannellini (3 blocchi) 194
Insalata con radicchio, uova e pompelmo (3 blocchi) 195
Verdure al forno in insalata greca (6 blocchi) 195
Piattini di rucola e formaggio (6 blocchi) 196
Insalata di tacchino e frutta (3 blocchi) 199
Insalata di indivia, gamberetti e arancia (6 blocchi) 200
Insalata all'ananas (6 blocchi) 200

## Il microonde

Finocchi mediterranei (6 blocchi) 205
Asparagi filanti (6 blocchi) 206
Frittata con le zucchine (6 blocchi) 206
Peperoni dolci (3 blocchi) 206
Cipolline agrumate (4 blocchi) 207
Spinaci con le mandorle (6 blocchi) 207

Indivia con speck (6 blocchi) 207
Composta di spinaci e prosciutto (6 blocchi) 208
Cavolfiore filante (6 blocchi) 208
Crostini agli spinaci (6 blocchi) 208
Pomodori alla parmigiana (4 blocchi) 209
Finocchi alla mozzarella (3 blocchi) 209
Carciofi con le uova (6 blocchi) 209
Vellutata di zucchine e fave (4 blocchi) 211
Vellutata di lattuga con bresaola (6 blocchi) 212

**I dolci**

Torta di ricotta agli agrumi (9 blocchi) 217
Panna cotta in Zona (8 blocchi) 219
Gelatina di fragole con crema di frutti di bosco (6 blocchi) 221
Pesche grigliate e crema di yogurt (6 blocchi) 223
Sorbetto alla mela verde (6 blocchi) 225
Zabaione (4 blocchi) 227
Gelato alla vaniglia (6 blocchi) 228
Pere con formaggio (3 blocchi) 228
Budino di yogurt (3 blocchi) 228

**I dolci dello chef (a cura di Emanuele Scarello)**

Gelato di ricotta (12 blocchi) 233
Strudel... da bere (12 blocchi) 234
Carpaccio di frutta con infuso di pinoli tostati (8 blocchi) 237
Granita al caffè con tagliatelle di frutto della passione e menta (4 blocchi) 239
Meringa con crema al limone (4 blocchi) 240

Ravioli d'uovo alla ricotta, zuppa di lamponi
e profumo di vaniglia (4 blocchi) 243
Zuppa di ciliegie, ricotta e mandorle (4 blocchi) 245
Zuppa di pesche e mandorle (4 blocchi) 247

**Le ricette regionali (a cura di Lucio Lorusso)**

Baccalà alla veneziana con orzotto bellunese
(Veneto) 251
Totani ripieni all'isolana con purea di cicerchie
(Campania) 252
Ossibuchi alla milanese in gremolada con piselli
(Lombardia) 253
Tonno con aceto e cipolle con panella di ceci al forno
(Sicilia) 254
Gnudi maremmani gratinati e insalata di cavolo nero e cannellini
(Toscana) 255

Nella stessa collana

Barry Sears con Bill Lawren
*Come raggiungere la Zona*

Barry Sears
*La Zona anti-età*

Barry Sears
*7 giorni con la Zona*

Gigliola Braga
*La Zona italiana*

Fabrizio Duranti
*Supersalute con la Zona*

Aronne e Memo Romano
*Vivere in Zona*

Barry Sears
*La Zona Omega 3Rx*

Gigliola Braga
*Più belle con la Zona*

Barry Sears
*La Zona la nuova alimentazione*

Barry Sears
*In Zona con la soia*

Gigliola Braga
*Il grande libro della Zona italiana*

Barry Sears
*Prevenire con la Zona*

Finito di stampare nel dicembre 2011
presso la Mondadori Printing S.p.A.
Stabilimento di Verona
Printed in Italy